Explore
Human Nature

# 內在的惡
## 人性的雙面鏡

觀察人性中的變與不變，引領自我進步的思考之路

直面人性之「惡」，挖掘出人們內心深處的真面目
反思自我與他人之間的關係，追求內心的寧靜與平和
探索人性難以改變的本質，正視內心的黑暗與缺陷
尋找出人生種種煩惱的來源，釐清內心的困惑與迷茫

王佳軒 編著

呈現人性的多重面貌，全面了解人性的複雜性和多變

# 目錄

## 目錄

# 目錄

# 前言

人性就是在一定社會制度和一定歷史條件下形成的人的本性，並非是一直停留在「人之初，性本善」的，而是受所處社會環境影響的。人性是從根本上決定並解釋著人類行為的那些人類天性。

《孟子．告子上》中寫道：「人性之無分於善不善也，猶水之無分於東西也。」

宋代歐陽修《誨學說》中寫道：「玉不琢不成器，人不學不知義……人性因物而遷，不學則捨君子而為小人，可不念哉。」

人性，又指人們所具有的正常情感、理性。人性是真理性在人身上的自由表達。當人理智的釋放人性的自由時，自我的良心就給予意志上的平等，自我的欲望就回歸到美善的表達，愛的情感隨之產生，人就會在人格上得到某種滿足，身體上的滿足是快樂，心靈上的滿足是歡喜，這種人格（身心）上滿足就是幸福。

# 前言

人性就是愛的滿足，當真理在人身上的具體表現愛時，愛是法律精神的源泉，愛是人良心的機能，愛是人對真、善、美的嚮往、回應和給予。愛是真理性在人身上的最高表達，因為人人都擁有真理，真理性是人和宇宙的共同本質，顯示了人生的上升真相。

人性的本質，即每個人都擁有真理的真相，真理性是人和宇宙的共同本質，作為存在的人不會失去真理性，所展現的真理性是真正平等的。這在人類歷史上第一次將人的地位確立在與宇宙同等的位置，人的真理性與宇宙真理性同等發展，人可以透過人格的上升，將生命的意義和腳步遍及宇宙。

人性，可以有善和惡兩種說法：從人自身角度講，並無善惡可言；而從社會學角度講，人性這個詞被賦予了種種行為規範，符合了某個利益體的行為規範，就叫「有人性」，同時換個利益體角度又可以叫「沒人性」。

人性，實在是個古老的話題，也是個答案眾多的話題。孔子說性相近，承認有人性，但未說人性是什麼。孟子說人性善，荀子說人性惡，告子說無所謂善惡，又說食色性也等等。聖哲前賢們大都從社會倫理角度闡發人性。文藝復興後的歐洲資產階級則把人性看作感性慾望、理性、自由、平等、博愛等，他們大都從人的本質存在、自然權利等角度來闡發人性，起因則在於反對封建制度對個性的束縛。

人性殘忍的一面，可以簡單的理解成動物的本性；人性仁慈的一面，可以簡單的理解成植物性的一面。人性＝動物性＋植物性，因此，人性＝生物性。如果你能發現人是很矛盾的，那麼這條公式肯定是人性的基礎公式。

人性是複雜的，而且是會變化的。有的專家提出「人性如流水」，人不是一成不變的，因此一個人到一個團體中，將會受到其環境、人文等方面的影響而改變。或者從善，或者從惡，或者善惡兼之，而我們作為一個人，又是否清楚地了解人性呢？

本書收錄了現實世界人們常有的本質人性，並且加以闡述，讓人們了解自己的同時，也更深入地去了解身邊的每一個人。希望透過讀這本書，讓人們了解人性，因而懂得人的本質，懂得為人相處之道，懂得如何去更好地管理員工。

# 人性本「惡」

雖然人性本身沒有所謂善惡，但人性自私自利的本能很容易造成人與人之間的衝突，而很難造成人與人之間的和諧，這是人所共知的現象。也就是說：人性離惡很近，離善很遠。

人性究竟指什麼，本善還是本惡？幾千年來讓中外賢哲爭論不休。不同的回答，導致了不同的文化傳統，累積成不同的社會制度。

在西元前的中國春秋戰國時期，大約2,500年前，孫丘最早談到了人性。而中國歷史上第一個斷言人性本善的是戰國中期的孟軻。他是孔子孫子的學生，對孔子極端敬重，曾明確表態：「乃所願，則學孔子也！」

孟子認為：「惻隱之心，人皆有之；羞惡之心，人皆有之；恭敬之心，人皆有之；是非之心，人皆有之。惻隱之心，仁也；羞惡之心，義也；恭敬之心，禮也；是非之心，智也。仁義禮智，非由外鑠我也，我固有之也，弗思耳矣。」

他把仁義禮智這些所謂的善，當成是人天生就有的，每一個人的人性都是善的，「人皆可以為堯舜」，關鍵在你是否能「盡心」、「知性」，挖掘、培養這些善的萌芽。

至於什麼是人性，孟子沒定義；為什麼人性本善，孟子沒做出嚴謹的論述。他對自己的主張，儘管滿腔熱情地到處宣揚、口誅筆伐地到處遊說，總讓人覺得有點強詞奪理的味道。

而中國歷史上第一個主張人性本惡的是荀子。荀子名況，字卿，戰國時期趙國人，比孟子小70多歲。孟子死時，荀子才10多歲。荀子是戰國時代重要的思想家之一，在先秦儒學的發展上有其承先啟後的地位。

《荀子第二十三．性惡》中寫道：「人之性惡，其善者偽也。」荀子論述「人性本惡」，相對孟子的「人性本善」，是一個進步。既有邏輯，又有論證。與孟子明顯不同的是，他對人性下了定義：「生之所以然者謂之性。」就是說：性，是天生的、與生俱來的原始質樸的自然屬性，是不待後天學習而成的自然本能。與「性」相對的是「偽」。「偽」是人為、後天加工的意思。比如，仁義禮智信就是「偽」，是人為教化的結果。他認為：「性者，本始材朴也；偽者，文理隆盛也。無性則偽之無所加，無偽則性不能自美。性偽合，然後成聖人之名，天下之功於是就也。」

荀子明確把人性限定為人的自然屬性：「飢而欲食，寒而欲暖，勞而欲息，好利而惡害，是人之所生而有也，是無待而然者也，是禹、桀之所同也。」而把仁義禮智信歸結為「偽」，是人的社會屬性。

在人性問題上，孟子主張本善，荀子主張本惡。在人性向善的方法上，孟子主張透過教化，扶植和培養善的萌芽，使善性得以發揚光大；荀子主張透過教化，限制惡的趨勢，使人性之惡向善轉化。

「惡」是人的社會屬性，只有當人的自然屬性氾濫到損害了他人的利益時，其行為才稱得上惡。人性之自私自利、憎醜愛美，本身並非是惡，放縱人性使之妨害了他人才是惡。

事實上，人性的本質就是自私，自私也是道德之本。道德的產生，其淵源就是因為人性的自私。人若無私，人性都善，還要道德何用？

在《歡笑一籮筐》(*America's Funniest Home Videos*) 節目裡可以看到，還沒滿週歲的雙胞胎為了搶著吃奶和搶媽媽的寵愛就開始使出扔奶瓶砸對手的狠招。

人性自私自利的本能很容易造成人與人之間的衝突，而很難造成人與人之間的和諧，這是人所共知的現象。也就是說：人性離惡很近，離善很遠。

從荀子性惡論出發，很容易導致法治社會。因為人性本惡，無一人例外，則君主也好、皇帝也好、聖賢也好、英雄也好，其人性都是惡的，與凡人沒什麼區別，誰也不要假裝君子冒充善人，誰都沒有資格凌駕於法律之上脫身出監督之外。而且，一個人掌握的權力越大，其可能造成的危害也越大，也就越需要更嚴格的監督和約束，他沒有任何特權要求人民只許對他歌功頌德而不許對他吹毛求疵。

正視人性的自私，承認這永恆不變的事實，給予人性正常自然的發展空間，不扭曲它，也不放任它，讓它奔騰，但不讓它氾濫，社會才會健康和諧、充滿生機。而一切不健全的社會制度、一切人為的災難，根本原因都是對人性認知的偏差造成的，都是壓抑人性、扭曲人性，或放縱人性、任其蔓延的結果。

兩個垂死的人得到一個饅頭，如果一個人捨己為人讓給了另一個，那我相信原因只有兩個：一個是「大愛」讓人超越了本性，另一個是這個人被徹底洗腦了。這樣捨己為人的事，全世界能出現的機率有多少呢？

自私是天經地義的，非善非惡，就正如樹要向上長，水要向下流，非如此，個體不能生存，群體不能繁衍。只有當某人的自私妨礙了他人的自私，才談得上是惡；只有當某人在自私的同時又尊重或有利於他人的自私，才談得上是善。所以，正確的善惡觀，應是：損己利人是小善，利己利人是大善；損人利己是惡，損人不利己和損己不利人是大惡。

不過，正是有人性，才會有善惡，這是毫無疑問的。人性是向善還是向惡，就好比水是向上還是向下，前者難而後者易。所以，對待人性就好比對待水，宜疏不宜堵，宜順其自然而不宜違抗扭曲。水性因重力而善下，可以渠疏，可以壩堵，疏堵得法，則水利無窮；人性因自私而易為惡，可以道德疏導，可以法律限制，疏限得當，則其創造力無限。

所以，相信「人性本惡」，不過透過自省以及法律和道德的約束，人可以控制自己的本性，就像人都想過好日子，但大多數人不會去偷去搶，因為有道德和法律約束。

# 自我美化的幻想：對自我的誤解

人自然地美化自己的一切，並且特別願意拿自己的優點來跟別人的缺點對比，於是，比外表，比身高，比財富，比衣服，比智商，比房子，比汽車，比老婆，比孩子，有些明顯不如別人的地方，也在自我美化和自我想像中超過了別人。

在現實生活中，人們總是會自然的美化自己的一切，尤其是那種自我優越感特別強的人，總是願意拿自己的優點來跟別人的缺點對比。比較，有時候往往成了他們生活的唯一的目標和樂趣。事實上，自然的自我美化而形成的一種比較心理，也是人類的一種正常存在的人性。只要有效地利用好了這種特點，不僅可以取得心理上的成就感，而且還會因此而在其他的方面獲得更大的成功。

總是拿自己和別人相比，就是一種沒自信的表現。你是獨一無二的，你就是大自然中的奇蹟。不要總是向別人看齊，你需要的是實現自己的價值，突破自己。

人們渴望優點的集結，而痛斥缺點的慢性感染。然而事與願違，那麼多的社會經驗和歷史教訓，都是源之於缺點的存在。人們會不懈地針對缺點的「魔高一丈」而決勝於「千里之外」，吃力地推動社會永遠向前。

缺點是優點的影子，一天一夜正對太陽的有效時間實在是太短太短，影子被陽光放大的機會又實在是太多太多。當缺點不可一世到毫無遮攔的時候，質變會使優點反變成缺點的影子。

就像人們總習慣用自己的長處去比別人的短處一樣，踏踏實實的做著人世間最有趣的無用功，來激怒自己、點燃自己、瘋狂自己。

就如下面的例子所說明的那樣，有時候盲目的認為自己的優點事實上卻也是自己最大的缺點。

國王的櫥櫃裡有兩個罐子，一個是陶的，另一個是鐵的。驕傲的鐵罐瞧不起陶罐，常常奚落它。

「你敢碰我嗎，陶罐子?」鐵罐傲慢地問。

「不敢，鐵罐兄弟。」謙虛的陶罐回答說。

「我就知道你不敢，懦弱的東西!」鐵罐說著，現出了輕蔑的神氣。

「我確實不敢碰你，但不能叫做懦弱。」陶罐爭辯說，「我們生來的任務就是盛東西，並不是用來互相撞碰的。在完成我們的本職任務方面，我不見得比你差。再說……」

「住嘴！」鐵罐憤怒地說，「你怎麼敢和我相提並論！你等著吧，要不了幾天，你就會破成碎片，我卻永遠在這裡，什麼也不怕。」

「何必這樣說呢？」陶罐說，「我們還是和睦相處的好，吵什麼呢！」

「和你在一起我感到羞恥，你算什麼東西！」鐵罐說，「我們走著瞧吧，總有一天，我要把你碰成碎片！」

陶罐不再理會。

時間過去了，世界上發生了許多事情，王朝覆滅了，宮殿倒塌了，兩隻罐子被遺落在荒涼的場地上。歷史在它們的上面積滿了渣滓和塵土，一個世紀連著一個世紀。

許多年以後的一天，人們來到這裡，掘開厚厚的堆積，發現了那個陶罐。

「喲，這裡面有一個罐子啊！」一個人驚訝地說。

「真的，一個陶罐！」另一個人說。

大家把陶罐捧起，把它身上的泥土刷掉，擦洗乾淨，和當年在櫥櫃的時候完全一樣，樸素、美觀、可鑑毫芒。

「一個多美的陶罐！」一個人說，「小心點，千萬別把它弄破了，這是古代的東西，很有價值的。」

「謝謝你們！」陶罐興奮地說，「我的兄弟鐵罐就在我的旁邊，請你們把它掘出來吧，它一定悶得很久了。」

人們立即動手，翻來覆去，把土都翻遍了。但是一點鐵罐的影子也沒有。它不知道在什麼年代，已經完全氧化，早就無蹤無影了。

每個人都有各自的特點，有自己的長處，也有自己的短處。但人貴有自知之明。「鐵罐」的悲劇，正在於它的盲目性；而「陶罐」的不朽，就在於它清楚自己的實力。

所以做人切忌不要盲目和別人比較，可謂「強中自有強中手，一山還有一山高」，你又怎麼知道他比你差呢？其實自己在某些方面還不如人家呢。

把自己與別人相比是毫無意義的，因為你根本就不知道別人在生活中的目標與動力，你也不具備別人那種獨一無二的能力。你應該這樣想才對：別人有別人的才幹，你有你的才幹。我們常常誤以為，才幹就是音樂、藝術或智力等方面的天賦，實際上並非如此，我們每個人都有一些奇特的、而自己卻一直忽視的才幹，諸如激情、耐力、幽默、善解人意、交際才能等，它們是有助於我們取得成功的強而有力的工具。

因此，不斷地拿自己與別人相比，只會使你對自我形象、自信以及你取得成功的能力產生負面影響。你應該向一個人請教，你自己的能力是否得到了充分的發掘——這個人不是別人，正是你自己。

我們的獨特價值是怎樣得來的？使我們成為獨一無二的，是我們透過思想意識的作用而使自己內部產生變化的能力。我們對自己的認知、對自己的定位以及我們將要實現的目標決定了我們在這個世界上的獨特位置。

擁有自信，可以使你更加肯定自己的價值，不會為別人的表現或想法所左右。讓自信為你開闢一片天地，走自己的路，實現你的價值。

自己是自己，別人是別人。不同的兩個人總是會有不同的價值，千萬不要試著去做比較，這樣只會讓你陷入深深的痛苦之中。只有肯定自己，才會發揮自己的能力，展現自己的價值。

每個人的欣賞角度不同，所以對待每一件事物的評價也有所差異，當看到自己喜歡的事物的時候才會產生欣賞的心情，這樣做是遠遠不夠的，要想在看似索然無味的平淡日常中生活的有滋有味，那就要學會在自己以前不屑一顧的事物中去發現可欣賞的東西。大街的路邊一朵很不起眼的野花，當我們用一種積極的眼光去觀察它的時候，你就會發現一些往日你所忽視的美，你把這些新發現的美定格後繼續深入觀察，那你會發現它更多美的地方，對待事物如此，對待人更應該如此。

學會欣賞別人的優點，善於發現別人的長處這樣做沒有壞處，我們在日常生活中免不了要與形形色色地位不同、性格不同、學識不同、地域不同的人打交道，這些不同的因素也就造就了我們不同的為人處世的方式和對待外界看法的差異。

在很多時候每個人都感覺自己的看法、觀點、習俗是最好的，最適合自己生活的，其實在自己看來對方之所以因此而感到快樂，必定有他快樂的道理，當我們用一個積極的心態去發現、去尊重這些差異的時候，平時那些即使讓你感到厭煩的人在此時也會讓你感到他很可愛，也有很多值得我們去學習的地方。

當我們一旦養成了這樣接人待物思維模式的時候，芸芸世界在我們的眼裡和心裡都是這樣宛如彩虹一樣豐富多彩，快樂的心情就會油然而生，假如你以這樣的心情走在大街上，你的表情都會顯得很親切，很和善，看人的眼光也會充滿祥和、慈善，見到熟人哪怕不說話僅僅是老遠點頭致以對方一個微笑，對方也會感到你融融的春意，他向你致意的微笑中所包含的和善與祥和也會透過微笑的目光在瞬間傳遞到你的心裡，更別說開口打招呼相互問好了。

因此，我們要學會欣賞別人的優點。要知道我們都有不可愛的一面，會導致他人對自己的厭惡。要藉著承認缺點使自己謙卑，並提醒自己不要因他人的不可愛而論斷人。當自己面對不喜歡的人時，想像著基督正以膀臂擁抱他們入懷，並且愛他們。同時，承認自己也有被人欣賞的需求。上帝紀念對的動機，即使行為是錯的，如果我們還無法欣賞別人的優點，上帝仍因你的努力而賜福。

# 第一印象的重要性

當人面對陌生人或者新事物時常常只用不到6秒便下結論，以後的時間只是從各方面收集證據來證明自己的判斷。並且，會積極地尋找證據來證明自己的判斷，比如，第一眼感覺某個人土氣沒品味，之後就會從衣著、談吐等各方面來挑剔這個人，並為自己準確的判斷沾沾自喜。

生活中我們第一次見到某某人的時候，心中總會有一個對他（她）的印象。通常所說的這個印象實際上就是指第一印象或最初印象。在社會心理學中將由於第一印象的形成所導致的在整體印象形成上，最初獲得的訊息比後來獲得的訊息影響更大的現象，稱為初始效應（primacy effect）。

在與陌生人交往的過程中，所得到的關於對方的最初印象稱為第一印象。第一印象並非總是正確，但卻總是最鮮明、最牢固的，並且決定著以後雙方交往的過程。

第一印象主要是根據對方的表情、姿態、身體、儀表和服裝等形成的印象。第一印象在日常生活中是很普遍的，這種初次獲得的印象往往是今後交往的依據。

一位心理學家曾做過這樣一個實驗：他讓兩個學生都做對30道題中的一半，但是讓學生A做對的題目盡量出現在前15題，而讓學生B做對的題目盡量出現在後15道題，然後讓一些學生對兩個學生進行評價：兩相比較，誰更聰明一些？結果發現，多數被試者都認為學生A更聰明。這就是第一印象效應。

「成見效應」（halo effect）與第一印象有著密切的關係，第一印象往往是形成「成見效應」的基礎，「成見效應」往往是第一印象的加深和拓寬。在社會實踐中，因第一印象在用人上造成失誤，古今中外是不乏其例的。所以，管理者既要重視第一印象，又要盡量避免因第一印象而造成的認識上和用人上的錯誤。

心理學家阿希（Solomon Eliot Asch）1946年以大學生為研究對象做過一個實驗。他讓兩組大學生評定對一個人的整體印象。對第一組大學生，他告訴這個人的特點是「聰慧、勤奮、衝動、愛批評人、固執、妒忌」。很顯然，這六個特徵的排列順序是從肯定到否定。對第二組大學生，阿希所用的仍然是這六個特徵，但排列順序正好相反，是從否定到肯定。研究結果發現，大學生對被評價者所形成的印象高度受到特徵呈現順序的影響。先接受了肯定訊息的第一組大學生，對被評價者的印象遠遠優於先接受了否定訊息的第二組。這意味著，最初印象有著高度的穩定性，後繼訊息甚至無法使其發生根本性的改變。

心理學家洛欽斯（A.S.Lochins）1957年運用文字描述資料所做的研究，也驗證了初始效應的存在。他用兩段文字資料描繪一個叫吉姆的學生。一段將吉姆描繪成一個友好、外向、樂於交往、快樂的人，說「吉姆去買文具，與兩個朋友一起邊走邊晒太陽。他走進一家文具店，店裡擠滿了人，他一面等待店員招呼，一面與一個熟人談話……」。

另一段文字則將吉姆描述成呆板、害羞和內向的人，說吉姆「放學後，獨自一人離校，在陽光明媚的馬路上，他走在背陰的一邊……」。

洛欽斯的研究發現：只看外向段描述的人，絕大多數將吉姆看成了友好、外向的人；只看內向段描述的人，絕大多數將吉姆看成了沉默、內向的人；而當兩個段落和在一起呈現時，多數人對於吉姆的印象只是根據先出現的第一段資料，無論將哪段資料放在前面都是如此，第二段資料所發生的影響很小。

在生活中，我們都能體會到，第一次接觸這個人時他留給你的印象是很難被改變的。

為什麼第一印象如此重要？這是因為最初印象對於後面獲得的訊息的解釋有明顯的定向作用。也就是說，人們總是以他們對某一個人的第一印象為背景框架，去理解他們後來獲得的關於此人的訊息。譬如，前面所提到的洛欽斯的研究，當人們先看了外向段之後再看內向段，人們會認為內向段中所描述的吉姆的表現，是因為他當天在學校裡正好趕上了不順心的事，而吉姆實質上是外向的人。反之亦然。

關於初始效應的研究告訴我們，在人際交往中，我們要注意給初次見面的人留下一個好的第一印象。但在與別人的交往中，注意不要僅僅憑藉對別人的第一印象給他（她）定性。每一次交往都能給你關於你的交往對象新的訊息，你應該根據這些訊息隨時調整你對他（她）的印象和看法。切記，「路遙知馬力，日久見人心」，需要注意的是，僅憑第一印象就妄加判斷，往往會帶來不可彌補的錯誤！

江山易改，本性難移

當你努力想改變一個人的時候，就會發現改變一個人有多麼難，難怪古人會說「江山易改，本性難移」，有的時候一個人可能表面上改變了，但往往可能只是為了做樣子給人看，真正的內裡並未改變。

明代的馮夢龍在《醒世恆言》第三十五卷中寫道：「看官有所不知。常言道得好，江山易改，稟性難移。」這句話是說人本性的改變，比江山的變遷還要難。形容人的本性難以改變。

「人是不會改變的，不要為填補空缺而枉費心機，而應多多發揮現有優勢，做到這一點已經不容易了。」如果這句話只是哪個名人說的，也許大家會將信將疑，可說這話的是世界著名民意調查公司蓋洛普（Gallup），據說這是公司25年來透過對全球100萬名員工和8萬名經理的訪談得出的結論。

許多人因為一些原因，總是會嘗試著改變自己，但是往往過一段時間發現自己還是無法改變以往的自己，依舊是像以前那樣思考、交際，一切如前。

改變只在一種情況下出現，就是人自己遇到了重大的觸動，比如你總勸你的親人戒酒，他表面上應付你說戒了戒了，實際上可能根本沒戒，直到有一天他酒駕出車禍變成重度殘疾，這時候他有60%的可能會真正戒酒。又比如你勸朋友要經常鍛鍊身體不要吃垃圾食品，他可能表面上響應你的建議，可是實際上他不會改變，除非有一天他提前收到了癌症診斷書……

生活也是具有慣性的，似乎在人們的面前早已鋪下了一條軌道，不容有一點背離。或許曾經你有那麼一段時間，想過很多方法，希望能夠改變自己的處境，或者改變自己。然而，不管如何，都不會讓自己滿意。

一個嬰兒腦中有一千億個神經元，他的大腦細胞比銀河系的星星還多。這些細胞就是思想的原料，在人一生中有規律的再生與死亡。人的思想在這些細胞之間，在這些細胞相互連繫的突觸中。在人生最初的15年，突觸之間如何關聯決定了他獨特的心理歷程。從嬰兒出生之日起，從大腦的中心開始，每個神經元都向外發出成千上萬的訊號。他們試圖與其他夥伴對話、交流，建立連繫。到孩子3歲時，成功連接的數目已經大得驚人，在一千億個神經元中，每個神經元各自建立15萬個突觸的連接。不過這太多了。他的大腦裡塞滿五花八門的訊息，負擔太重了。他必須用自己的方式整理和理解這些訊息。所以在後來，他的大腦開始整合它的突觸連接網。牢固的連接得以增強，而薄弱的連接逐漸消亡。

「常走的路越走越寬，不走的路漸漸荒蕪。」韋恩州立大學醫學院的教授哈利．丘甘尼把這個篩選的過程比作一個公路體系。到孩子十幾歲時，他的突觸連接只有三歲時的一半了。

如果一個人在大腦中獲得一條「體諒」的四車道高速公路，他就會設身處地地體會到周圍人的所有情感。同樣，如果他獲得一條「爭辯」的高速公路，他就會在激烈的辯論中，左右逢源，妙語連珠。

這些路徑的建造過程就是一個人性格的塑造過程。神經學告訴我們，一個人在十幾歲以後，要改變性格，是十分有限的。

因此，不要再試圖改變你的員工、孩子或同事。去發現他們獨特的才幹，並委以與之相配合的工作。不要老抱怨自己「不完美」，去觀察自己與眾不同的才幹，然後靠它到達成功的彼岸。

我們從小就在幫助別人克服缺點或在別人的幫助下力圖使自己更完美。工作之後更是如此，我們一直相信，只要下功夫，人是可以改變的。

蓋洛普採訪成千上萬的優秀經理後卻告訴人們，知識和技能是可以改變的，但才幹卻不能，也無需改變，因為每個人都有自己獨特的才幹。

說起才幹，人們馬上會想起帶著籃球左衝右突，最後漂亮地把球投進籃框的喬丹(Michael Jordan)。「常規」認為喬丹是個天才，他的獨特才幹是上蒼降在特殊人身上的。但優秀經理卻不這麼認為。他們將才幹定義為一種「貫穿始終，並能產生效益的思維、感覺和行為模式」。你有一種神經過濾器，它使你在生活和工作中，對某種刺激感到興奮，而對其他刺激則無動於衷。比如，你不僅善於記住人的模樣，而且能記住他們的姓名，你愛玩猜字遊戲，你愛冒風險，你急不可耐等，這都是才幹。而取得出色成績的關鍵在於使你的才幹與工作相配合。

喬丹的才幹正好和他的籃球職業相配合，所以他成功了。如果讓喬丹改做業務員或踢足球，恐怕今天世界上沒這麼多人知道他的名字。

馬克是歐洲一家電視臺的駐外首席記者，不管哪裡出了事，馬克總能及時從現場發回報導。更重要的是，他總能找出所有憤怒和混亂的核心，並且揭露瘋狂行為背後的某種意義。無論他去哪裡，觀眾都公認他是專家，他是個冷靜的、權威的存在。由於馬克的優秀表現，上司決定提拔他為華盛頓分社主任。

然而在華盛頓，多數新聞枯燥重複，重要但無趣。分社主任的工作就是添油加醋，使這些事妙趣橫生。馬克卻做不到這一點。他精於從政治的角度詮釋真實的生活戲劇，卻拙於以戲劇的形式去表現政治。

馬克的才幹與他在華盛頓的工作不再相配合。他的報導空洞無物，他陷入迷途。在歐洲，他的觀眾離他而去。馬克被解職了。

或許，當你認認真真苦幹的時候，會有別人在一旁譏笑，因為他們天生無須努力，生來就繼承了或許你用一輩子也無法獲得的稟賦。所以，做人就應該要學會正確的看待自己的優缺點。要懂得強行的改變自己往往並不一定能夠獲得益處。但是，如果沾染上一些惡習的話，就應該努力去改掉自己的這些壞毛病。人是不容易改變的，但並不是說人是不能改變的，貴在堅持！

嚴以律人，寬以待己

挑別人的錯，找別人的碴相當容易，而自己要做到完美無瑕則難矣，人天生喜歡選容易的事做。

現代管理學之父彼得·杜拉克(Peter Ferdinand Drucker)在著作《成效管理》(Managing for Results)一書中也說道：「觀人易，察己難。」這話極具辯證法。但是，要想做好，運用自如，的確是件難事。

清代史學家、漢學家錢大昕在《潛研堂文集·弈喻》寫道：「今之學者，讀古人書，多訾古人之失；與今人居，亦樂稱人失。人固不能無失；然試易地以處，平心而度之，吾果無一失乎？吾能知人之失，而不能見吾之失；吾能指人之小失，而不能見吾之大失。吾求吾失且不暇，何暇論人哉？」

意思是說現在一些做學問的人，讀古人的書，動輒就指責古人的過失；他們和同時代的人在一起，也總愛講別人的過失。一個人固然不可能沒有過失，然而設身處地，平心靜氣地考慮，我們自己難道是沒有一點過失嗎？而我們往往能夠對別人吹毛求疵，卻無法看到自己的過失；能夠指出別人細小的過失，卻無法看清自己的重大過失。既然如此，我們找出自己的過失都來不及，又哪有空閒去議論別人呢？

「觀人易」，就是說對待別人容易看得清楚，不管是優點還是缺點，只要相處一段時間，一般都能夠說出個大概來。尤其對待別人的缺點和錯誤，則更容易看得清楚。因為，每個人都有優點和缺點，都有長處和短處，而且又都是在與他人打交道過程中直接暴露出來的。由於別人的這些缺點和錯誤，往往會對自己造成反感和傷害，所以，才讓人留下了最深刻的印象。世上沒有多少喜歡和歡迎能傷害自己的缺點和錯誤的人。喜歡別人缺點錯誤的人，不能說沒有，但這樣的人為數極少。

「察己難」，這是說自己對待自己很難看得清楚，尤其是對待自己存在的缺點和錯誤的東西，要真正看清楚是難上加難的事。為什麼？這是因為做人皆由自私的本性所決定的。由於大多數人的本性是自私的，所以在看自己的時候，往往看長處多，看短處少，看優點多，看缺點少，看正確的多，看錯誤的少，對自己往往是沾沾自喜，評價過高。甚至有時候自己做錯了，還自以為是對的。這是因為自己對自己評判了錯誤的標準，不是以他人滿意不滿意說事，而是以自己滿意不滿意衡量的，所以才導致了看人往往是隔門縫，察己是用放大鏡。

正因為「觀人易，察己難」，一些聰明理智和有較高修養的人才提出了「人貴有自知之明」的感悟，才發明了要「發展批評與自我批評」，繼鬥人又責己的批評鬥爭的方式，才提出了「嚴於律已，與人為善」和諧相處的思想理念。而且隨著社會的文明進步，才被越來越多的人所認可，所接受。所以，才有了人類社會的不斷進步。

「觀人易，察己難」，說易它易，說難它難，但並非是不治之症。要解決好這個問題，最有效的方法是從每個人做起，多些公心，少些私心，多看別人的長處，少看別人的短處，多看自己的缺點，少看自己的優點，多尊重別人，少抬高自己，一事當前，先替別人打算。夾著尾巴做人，自有人把你當人看待，若翹著尾巴做人，很可能別人不會把你當人看待。

識人須識己，然而識人與識己相對而言，察己難，觀人易。尤其是身為領導者知自己的長處易，知自己的短處往往不易。

固然，大千世界，芸芸眾生，完善的性格，十全十美的人很少，但是身為一個領導者，為著事業的勝利，還必須盡可能發現自己的弱點，有的放矢地設法克服、陶冶自己的性格，使之逐步趨於完善。林則徐自知易怒，乃高懸「制怒」大匾。古人尚且如此刻苦自勵，何況我們如今誘惑重重的普通人們！培根（Francis Bacon）曾經指出：「凡有所學，皆成性格。」知識能豐富一個人的內心世界，能使一個人認識自己的性格的優劣，「三人行，必有我師焉，擇其善者而從之，其不善者而改之」。克制不良性格，發揚優良的性格，而達「隨心所欲而不踰矩」的境界，應是領導者為之努力的一個重要方面。

人的通病是：對自己容易高估，對別人容易低估；自己成功時從主觀找原因多，從客觀找原因少；對別人的成功從客觀上找原因多，從客觀上找原因少；對自己的失敗從客觀上找原因多，從主觀上找原因少；對別人的失敗從主觀上找原因多，從客觀上找原因少；對自己辦的好事，和別人對不起自己的事記得牢，對別人辦的好事和對不起別人的事總愛忘；看自己的長處多，看別人的長處少；看別人的短處多，看自己的短處少；一方面被人看不起，另一方面又看不起人。總是感到周圍，沒有幾個水準高的，沒有幾個比自己好的，沒有幾個值得尊重的，自己對別人好，別人對自己差。特別是年輕人非常容易犯這方面的錯誤，並由此形成了不好的人際環境。正確估價自己，確切了解自己的長處和短處，充分發揮自己的長處，一日三省吾身，最大限度地限制自己的短處，在與人相處中顯得十分重要。

因此，我們要學會處事還要掌握人的本領。

金無足赤，人無完人。任何人既有長處也有短處。世界也不可能只是好人的世界，任何地方在存在多數好人的同時，總存在一些不好或不太好的人。就是大家公認的好人往往也有不好的一方面。而大家公認的不好的人也有善的一面。

傳說中的桃花園、伊甸園是不存在的。沒有壞人的世界，是各民族和全人類有史以來追求的夢想，但沒有壞人的世界還沒有存在過，壞人從來沒有被趕盡殺絕。自然界也是一樣，要人為的想讓一些物種的滅絕，是很難的。所以現在都講生物的多樣性。生物多樣性對維持生態平衡有好處，以此可啟發我們也應該容忍人的多樣性存在。正確認識人，和人的長處打交道，和人善的一方面打交道，可使自己少走彎路，少受挫折，多些成功，多些喜悅。

任何人都是一名管理者，都有用人的問題，都有面臨如何用主管，如何用同事，如何用部屬的問題。用人最重要的原則是：揚長避短。清人顧嗣協有這樣一首詩：「駿馬能歷險，力田不如牛；堅車能載重，渡河不如舟；舍長以就短，智者難為謀。生材貴適用，慎勿多苛求。」這首詩不僅深刻和生動揭示了用人要用其長的道理，而且還生動地說明了短與長的辯證關係。

聰明的人都把功夫下在發揮人的長處上，而不是把精力花在改造人的弱點上，因為人的某些弱點，幾乎是終生無法改變的。發揮人的長處，可達到事倍功半效果，改造人的短處往往是勞而無獲。才幹越高的人，其缺點往往越多。有高峰必有深谷，誰也不可能是十項全能。與人類現有博大的知識、經驗、能力的總和相比，任何偉大的天才都不及格。世界上沒有真正能幹的人。問題應該是在哪方面「能幹」而已。一個人如果僅能見人之短而不能見人之長，因而刻意避其短而非著眼於其所長，這個人就是低水準的管理者。對於用人漢高祖開國皇帝劉邦，做過精闢的論述。

劉邦即位不久，在洛陽南宮開了一個慶功會，請大臣分析一下，他為什麼得天下，項羽為什麼失天下。大臣們說了一大堆，都覺得自己說的對，但劉邦都一一搖頭否定了。說你們只知其一，不知其二。要知道成功失敗，全在用人。運籌帷幄之中，決勝千里之外，我不如張良；治理國家，安撫百姓，籌送軍糧，我比不上蕭何；統帥百萬大軍，戰必勝，攻必取，我趕不上韓信。這三個人都是當代的豪傑，我能夠重用他們，發揮他們的長處。這就是我得天下的原因。項羽連一個范增都不會用，所以被我滅了。

美國南北戰爭時，林肯（Abraham Lincoln）初任命的都是無明顯缺點的將領，但這每一位「無缺點」的將領，一個個都被敵手李將軍指揮下的有「一技之長」的將領擊敗了，林肯很快總結了自己的用人失誤，得出了用人的訣竅，起用了優點和缺點都很明顯的格蘭特將軍（Ulysses S. Grant），很快扭轉了南北戰爭的局面。

劉備從一個織席編履的普通人，成為蜀國的開國皇帝，就是因為劉備能用諸葛亮、關羽、張飛等有一技之長而缺點明顯的人。劉備在時，諸葛亮出謀，劉備用人籌備實施，取得了三分天下有其一的成就。劉備死後，諸葛亮不會用像魏延等有一技之長的人，不採納魏延出子午谷直取長安的出奇致勝的建議，不聽劉備臨終前「馬謖言過其實，不可大用」的告誡，違背眾意錯誤起用趙括式的人物馬謖，失了街亭，六出祈山，一次不如一次。最終的結果是，蜀中無大將，廖化成先鋒。諸葛亮總結自己的失誤，留下了「馬不必騏驥，賢不必聖人。」「明君之治，不患人之不己知，患不知人也；不患外不知內，唯患內不知外；不患下不知上，唯患上不知下；不患賤不知貴，唯患貴不知賤。故士為知己者死，女為悅己者容，馬為策己者馳，神為通己者明。」的至理名言。

人的長處也好，短處也好，一旦形成，很難改變，往往帶入棺材。要知和人的短處打交道，將一事無成，與長處打交道，才能事半功倍。

# 讚美的渴望，對批評厭惡

讚美下屬可以讓他更積極地工作，同時更容易改正不足，而一味批評反而會讓他產生反抗心理，事事和你唱反調，或者找出種種理由來為自己辯解，反而不利於改進工作，教育孩子也是如此。

人人都喜歡別人的讚美，因為讚美是我們進步的原動力；人人又都不喜歡甚至厭惡別人的批評，然而，正直的批評雖然逆耳，卻有利於行。

讚美是進步的原動力，我們不論做什麼事都需要別人的鼓勵。讚美和鼓勵能使我們滿懷信心地投入學習，能使我們自信、自強，充滿活力，但是，太過分、太虛偽的讚美，反而會造成自滿墮落。

宋朝有一位天才兒童，名叫方仲永，他4歲時就會寫詩，而且寫得又快又好，大家都佩服他，所以常常請他吃飯，他的父親帶他到處應酬。時間久了，他因為沒有繼續認真地學習，所以成年後，就跟平常人一樣，並沒有什麼作為。由此可見，我們所需要的是適當的讚美，而不是過分的讚美。

莎士比亞（William Shakespeare）曾說過：「讚美是照在人心靈上的陽光。」有位教育家曾經說過：「一次不經意的表揚，可激起學生千百次的希望。」羅森塔爾（Robert Rosenthal）曾說過：「很多時候讚美比批評更能激發一個人的潛力。」由此，我們可以看出其實有許多人都是贊同「讚美」的。

讚美，社交中的陽光甘露；讚美，激發人向上的動力；讚美，生活中的哲理！讚美，就像春天般的溫暖，使兩顆陌生的心彼此吸引，彼此靠近；讚美，就像林中的汩汩甘泉，使友誼之樹長青，使友誼之花燦爛茂盛。

俗話說「人無完人」，所以從個人的條件來說，人與人不可能處在完全一樣的高度，這使我們無法一起交流。但是讚美的話可以使這種隔閡消逝。讚美可以縮短人與人之間的距離，為我們贏得友情和堅強的團體。父母經常讚美孩子，家庭氣氛和睦、歡樂，上司經常讚美下屬，員工的積極性、創造性不斷被激發，被調動。

在我們的生活中，人人需要讚美，人人喜歡讚美。這絕不是虛榮心的表現，而是渴求上進，尋求理解、支持與鼓勵的表現。愛聽讚美，出於人的自尊需求，是一種正常的心理需求。經常聽到真誠的讚美，明白自身的價值獲得了社會的肯定，有助於增強自尊心、自信心。

讚美之於人心，如陽光之於萬物。愛聽讚美的話是人類的天性，人人都喜歡「正性刺激」，而不喜歡「負性刺激」。

大千世界，芸芸眾生，誰不希望得到他人的誇獎？誰不希望被他人讚美？喜歡聽讚美似乎是人的一種天性。威廉·詹姆斯（William James）曾精闢地指出：「人性中最為根深蒂固的本性就是渴望讚賞。」成功的讚美，能為他人帶來愉悅，能使他人受到鼓舞，不僅如此，讚美者也能從中獲得快樂和幸福。

讚美能使人上進，甚至能改變一個人的一生。而讚美的最大好處還在於使被讚美者獲得提高。哈佛大學的羅森塔爾教授曾做過一個實驗，實驗顯示：「讚美比批評更能激發一個人的潛力和積極配合的願望。」他們將這個效應，稱為「畢馬龍效應」（Pygmalion effect）。你讚美一個人勇敢的時候，這個人會變得更加勇敢；你讚美一個人正直的時候，這個人會變得更加正直。

讚美與批評雖然同是與人交往的方式。批評之可貴，就在於它像一面鏡子，及時反映他人的缺點和不足，幫助他人保持清醒的頭腦，防微杜漸，不斷進步。問題就在於在生活中，許多人卻因批評，引起一些不必要的誤會，甚至是成見，造成與他人交往的困難。有些人好心好意指出別人的缺點，誠心誠意想幫助別人，卻遭到別人的反感、厭惡、甚至憎恨。這很明顯的是批評的弊端，而這個弊端是讚美可以避免的。那既然批評和讚美概念上是沒有衝突的，那何不用讚美的話語矯正這些錯誤的行為呢？

當班傑明·富蘭克林（Benjamin Franklin）還是學生的時候，有一次，他主動地去幫助一個陌生人磨刀。可是，那個人非但沒有感謝他，反而粗暴地對他說：「你這個笨蛋，做事拖拖拉拉的，難道想藉此翹課嗎？」富蘭克林對這件事情一直耿耿於懷，他發誓不再輕易幫助陌生人。他甚至在相當長一段時間都在詛咒這個人。看來，每個人都不喜歡被人批評，偉人也是如此！

儘管說孩子是誇出來的，但在孩子的成長過程中，沒有經歷過批評的孩子，是溫室裡的花朵，情感是脆弱的。再幸運的人，一生中也會遭遇困難的，就需要靠堅強的情感意志。

缺點就像孩子乾淨的臉蛋上突然沾了一塊汙點，自己看不見，家長的批評就像一面鏡子，讓孩子發現自己臉上的汙點。

因此，我們也應該清楚，批評是進步的明燈，因為有批評才有進步，俗語說得好：「人非聖賢，孰能無過？」聖賢都有錯，何況我們這些凡人呢！而有了過錯，就得有人來指正，這樣才能改進。「當局者迷，旁觀者清」往往我們做錯了事，自己卻不知，而需藉助別人的批評、指正來找尋正確的方向！

我們需要讚美，卻更少不了批評！

生活中，有許許多多這樣的例子：課業上，老師批評你，是為了讓你學到更多的知識；活動中，同學批評你，是為了更有趣、更協調；在家裡，父母批評你，是為了讓你做得更好、更快地成長；公共場所，有人批評你，說明你還不夠禮貌。在任何一個地方，不管誰批評你，都是為了你好。我們要有一個善於接受批評、改正不足的胸懷，這樣才能不斷進步，最終實現我們崇高的理想！

羅素（Bertrand Russell）先生曾說：「在追求真知時，寧願要聰明尖刻的敵人，也不要糊塗和氣的朋友，只有前者才能讓你完善自己，而後者的作用是麻醉你。」牛虻式的叮咬有助機體保持活力。然而，過分地指責他人，只會帶給他人傷害，並為自己帶來無休止的煩惱，我們要努力避免這種情況的發生。

江士頓是奧克拉荷馬州伊尼德市一家工程公司剛剛上任的安全檢查員，他負責監督員工按照規章進行安全生產。他覺得這是一個極其簡單又枯燥無聊的工作，所以每當看到有人不守規定的時候，他總是滿腹牢騷地批評員工們牢記工作時一定要戴安全帽。久而久之，員工們只是表面上對他言聽計從，背後卻都在談論他的齷齪事，他的威信受到了極大的挑戰。在這種工作氛圍中，他覺得度日如年，每天都感覺角落裡到處都是對他晃動的食指，到處傳出對他的噓聲。他漸漸失去了對工作的積極性，事實上這更像是一種逃避。他知道，自己時刻處於崩潰的邊緣！

一次偶然的機會，他坐在咖啡廳，凝望著不遠處的一個小男孩，不由得想起了兒時無憂無慮的快樂時光。對比此時的不順，他心中又是陣陣酸楚。突然，那個孩子弄灑了媽媽的杯子，自己也被燙了一下，哭聲、叫喊聲隨即而至。旁邊的媽媽急忙將他身上的汙漬擦去，然後撫摸著他的小臉，溫柔地「教訓」他。媽媽的「教訓」顯得很溫柔，大概意思是說：危險總是在我們身邊，要學會保護自己，在危險發生之前，要小心謹慎，不能因為自己的疏忽大意或是一時貪玩而導致嚴重後果。媽媽最後還扣了孩子一星期的零用錢。

看到這一幕，江士頓的心情頓感輕鬆，於是高興地離開了咖啡廳。在以後的日子裡，他換了一種工作方式，主動輕聲提醒那些不戴安全帽的人，問他們是不是帽子不舒服或是不適合，並且用愉快的語氣提醒員工們戴安全帽的重要性。結果可想而知，員工們由於他的熱心關懷，慢慢對他產生了敬意，工作積極性也隨之提高。在融洽的工作環境中，公司的安全生產自然也沒有出過任何問題。數月後，由於在工作上的傑出成績，他被主管提拔了。

由此可知，如果一個人想要批評或勸服他人，那麼他必須首先克服自身的弱點和缺陷。只有當一個人讓人感到敬佩時，他或許才有資格評判他人。我們在與他人相處時，一定要把握原則和分寸。人人都有自尊心，請不要去傷害它。有時候過分的苛責會讓人感到顏面掃地，就像一把利劍，會直插人的心臟，導致人死亡。

胡爾德將軍由於受到了他人的批評，自信心受到了極大的打擊，為此差點斷送了他的性命；英國著名文學家湯瑪士·哈代（Thomas Hardy）在受到了尖刻的批評後，永遠地放棄了小說創作。

在這個世界上，沒有人不會犯錯。在錯誤面前，你可能要忍不住大發雷霆。狂風暴雨過後，你可能會沮喪的發現，你的「善意」並沒有被對方所接受，甚至，換來的結果可能讓你追悔莫及。批評對誰來說，都不是一件讓人愉快的事。但是如果你能夠掌握適當的批評的技巧和方法的話，相信你們的交流能更容易些。

被批評可不是什麼光彩的事，沒有人希望在自己受到批評的時候招開一個「新聞發布會」。所以，為了被批評者的「面子」，在批評的時候，要盡可能的避免第三者在場。不要把門大開著，不要高聲的叫嚷似乎要全世界的人都知道。在這種時候，你的語氣越「溫柔」越容易讓人接受。

另外，不要一上來就開始你的「牢騷」，先創造一個盡可能和諧的氣氛。做錯事的一方，一般都會本能的有種害怕被批評的情緒。如果很快的進入正題，被批評這很可能會產生不自主的牴觸情緒。即使他表面上接受，卻未必證明你已經達到了目的。所以，先讓他放鬆下來，然受再開始你的「慷慨陳詞」。

批評時，一定要針對事情本身，不要針對人。誰都會做錯事，做錯了事，並不代表他這個人如何如何。錯的只是行為本身，而不是某個人。一定要記住：永遠不要批評「人」。

當你批評的時候，你在說他做錯了。在這同時，你必須要告訴他怎麼做才是正確的。這才是正確的批評方法。不要只是「指手畫腳」。一定要他明白：你不是想追究誰的責任，只是想解決問題。而且，你有能力解決。

# 位置造就思維

所謂「不在其位，不謀其政」、「事不關己，高高掛起」，人們只熱衷自己的一畝三分地，對別人的事漠不關心，即使裝出關心的樣子，往往也是貓哭耗子假慈悲，只為了顯示自己的優越感而已。

位置決定思維，說的是在什麼位置，想什麼問題，做什麼事情。看一個人說話辦事，也就是要看他的位置坐在哪裡。

進入某間公司，派別之間需要選擇一方。站對邊，選擇正確，可能飛黃騰達；選擇錯誤，可能誤了一生；不選擇，則可能被人認為吃裡扒外、牆頭草。

位置決定思維，你坐到哪個位置上，就要想哪個位置的事，這應該算是本應當做的。但也會產生偏激。位置有多高，再高也高不過你的頭，所以思維的侷限性是有目共睹。例如你不爬到那麼高，你是永遠不會想那個層次高度的事的……

人處於什麼位置，就處於什麼樣的形勢之中，即使他不願意，形勢也會逼著他去思考當前的問題。歷史上很多的皇帝，就是這樣被訓練出來的，當然，也有很多獨生女成了形勢的犧牲品，他們嚮往百姓的生活；很多大老闆的兒子繼承父業並被訓練成大老闆，也是如此。

子曰：「不在其位，不謀其政」，意思是：如果你不擔任這個職務，就無此權利，就不要去過問這個職務範圍內的事情。

孔子生活在春秋後期，自20多歲起，就想走仕途，所以對天下大事非常關心，對治理國家的諸種問題，經常進行思考分析，也常發表一些自己的見解，一生主張「仁政」，周遊列國，宣傳自己的政治主張，這一點，說明孔子對政治有高度的熱情。但是現實中，他卻纍纍受到當時統治者的冷落，其志向始終得不到展現。孔子認為：自己的政治主張無法實現，首先的原因是自己不在其位，如果一個人不在這個職位上，就無實權，無法發號施令，所以他的政治主張才無法得以實行。

在位置決定思維中，我們了解到，因為形勢所迫，位置決定了我們的視野，因此，需要常常反省自己，了解自己的侷限，保持自己的優勢，立於不敗之地，這叫做「自我定位」，另一方面，當自己處於劣勢的時候，則要努力超越自己的視野，才能創造對自己有利的形勢，移動自己的位置，只是決定我們的形勢，需要我們在實踐中靈活應用而已。

齊國有位好色之徒，見鄰居死了當家人，遺下一大一小兩位漂亮的老婆，就挖空心思去勾引。鄰人的大娘子非常貞潔，任你嘴皮磨破，就是不肯相從。小娘子水性楊花，不久就被他勾搭上了。

後來，他老婆死了，續弦時，知道的人都以為他會娶鄰家那位跟他相好的小娘子，結果他娶的卻是不曾給過自己好臉色的大娘子。

有不解的就去問他：「跟你好的不是他家的小娘子嗎？」

那人遲疑了半天，老實回答：「我也不知是什麼緣故，以前，我是看他家小娘子好，如今，卻是看他家大娘子好。」

一個人有什麼樣的立場，便決定了他有什麼樣的觀念，坐在不同的位置上，就會有不同的想法，所謂「位置決定思維」。即在一個人的思維方式中產生決定作用的，並不是我們通常以為的大腦，而是看似無關的位置。

事實上，這是無關道德善惡的正常反應。格局中的各方，其思維並非完全不變，只是要依情勢而定。

現實存在的也許並不一定盡如人意，卻是你曾經參與過的，參與無疑就是對既成事實的承認，所以你無法反對。於是，你唯一能做的，便是換一種思維方式，去適應位置的變化，而一旦真的適應了，你就不是原來的你了。

生活充滿了煩惱

有人製造問題，有人發現問題，有人解決問題。於是，每天起來，都要重新面對無數個這種輪迴。我們每個人都是這三種角色的不同輪換而已。

人生的煩惱是因為我們沒有找到內心的和平、健全和清楚的意識。這是我們最主要的人生課題，擁有它們我們才可稱為一個圓滿而清醒的人。多數人的人生就像一棵無根的浮木隨波逐流，無力主宰自己，怎能擺脫煩惱呢！

人生煩惱無數。正所謂：「人生不如意事常八九，可與人言無二三。」太陽每天都是新的，為人們帶來新的活力和希望，可也會帶來一些讓人意想不到的煩惱。

一覺醒來，正要急急忙忙趕著上班，卻發現行駛的工具腳踏車不翼而飛，讓你很是鬱悶，破費不說，關鍵是又多了一項新麻煩，得重新去買車，買新的怕被賊惦記著，買舊的得城東、城西尋覓物色，這一天的心情再美好也肯定破壞殆盡了。

到中午吃飯了，本來堅固的牙齒讓你盡享美食的美好，突然間就痛了起來，讓你想到「牙痛不是病，痛起來要人命」這句至理名言。於是，活色生香的美味佳餚便成了對轆轆飢腸的最大折磨。

先賢說，把心靜下來，什麼也不去想，就沒有煩惱了。先賢的話，像扔進水中的石頭，而芸芸眾生在聽得「咕咚」一聲悶響之後，煩惱便又漣漪一般蕩漾開來，而且層出不窮。

窮人有窮人的煩惱，富人有富人的煩惱；男人有男人的煩惱，女人有女人的煩惱；大人有大人的煩惱，小孩有小孩的煩惱；成家的想從圍牆裡衝出來，單身的卻想要衝向圍牆裡；生有生的煩惱，死有死的痛苦。無處不是故障，無處不是尷尬，無處不是問題，無處不是遺憾，無處不是煩惱。苦樂人生，悲喜人生，煩惱人生。

幸福總圍繞在別人身邊，煩惱總糾纏在自己心裡。這是大多數人對幸福和煩惱的理解。學生以為考了高分就可以沒有煩惱，貧窮的人以為有了錢就可以得到幸福。結果是，有煩惱的依舊難消煩惱，不幸福的仍然難得幸福。

人生總是在不斷的煩惱。只是當你以為解決了問題，到達了你心中更高的領域，成就了你心中所謂的圓滿，則又會產生新的煩惱。人世間沒有什麼永恆不變，無常才是生活的真相。煩惱此消彼長，生生不息，無窮盡也，恰如「野火燒不盡，春風吹又生」。怪不得人一生下來就是哇哇大哭，原來是在預示著人生煩惱的一面。

煩惱、痛苦、挫折本是人生的一個組成部分，正如醜也是美的組成，死也是生的組成。沒有崎嶇坎坷不叫攀登，沒有痛苦煩惱不叫人生。且不說「生於憂患，死於安樂」，就說缺少煩惱的生活，太安順了也許就要淡而無味，無聊得多。

人生的煩惱伴隨著生活的腳步。有生活，就有煩惱。生活的腳步是輕鬆而富有節奏的，人生的煩惱就暫時少了一些；生活的腳步是沉重而疲憊的，人生的煩惱就會像一座山一樣壓下來，揮之不去。

偉人說：人類一思考，上帝就發笑。可是，如果人類一旦停止思考，這個世界就會停止它匆匆前行的腳步。於是我們想讓人生的腳步盡可能的快捷而輕鬆，於是我們想讓煩惱盡可能地遠離我們，於是我們想有更多的時間來思考。可是，當我們真的開始思考的時候，煩惱又會紛紛擾擾撲面而來。思考的本身，就充滿了煩惱。甚至可以說，思考就是煩惱之源。

我們煩惱，是因為人生的枯燥。我們的人生已然沒有了衝動、沒有了激情，只是靠慣性活著。老一輩羨慕我們現在的人生：生活得無憂無慮，真得很幸福。我們卻一點都感受不到這種幸福，感受到的是無盡的煩惱。甚至很羨慕前輩們，至少，他們年輕的時候曾經有過激情燃燒的歲月，曾經有過信仰，曾經有過那麼純潔而崇高的理想。

生活在現代的人們，尤其是生活在大都市的人們，生活條件已經相當優越，再也沒有了老一輩人所經歷的那些苦難，再也不會為「生存」而擔憂。但是，為什麼還有那麼多人生的煩惱，還在扯著嗓子狂吼：為了生活，我們隨波逐流，到底在追尋什麼……

我們煩惱，是因為活得太累。每天時時刻刻，我們都要面對各式各樣的競爭，在各種場合拚命廝殺，帶著滿身傷痕和步履蹣跚的腳步回家。就是在家的港灣，也不再是我們心靈憩息之所。迎接我們的，是新的一天和新的煩惱。

每天早晨起來，我們來不及欣賞噴薄而出的太陽，便搭乘著各種交通工具去上班，用冗長而又快節奏的工作填滿了生活的每一寸空間。將人生的分分秒秒，變成一疊疊或薄或厚的鈔票，飄灑在沒有春天的季節，只有煩惱不願意離開，在歲月的碎片中喘息。

是人生本身讓我們承受了過重的負擔使我們煩惱，還是我們自己太過脆弱，承受不起生活的負擔而煩惱？

我們生在這個世界上，就必須要面對自己的人生，也就必須面對人生帶給我們的煩惱。夜深人靜的時候，讓我們的良知拷問自己，在這個世界中，是否應該留下一份風清月白，是否應該留下一份花前月下，是否應該留下一份輕鬆而快樂？是否可以暫時把人生的煩惱閒置在一邊，享受一下愛情帶給我們的甜美，友情帶給我們的感動，親情帶給我們的溫馨。

老子云：「有無相生，難易相成，長短相形，高下相傾，音聲相和，前後相隨，恆也。」煩惱人生，人生煩惱，恆也！明白了這一點，用一顆平常心去看待世間萬生萬物，便也不會有太多煩惱。於是，持平常心，走坎坷路，於是「莫聽穿林打葉聲，何妨吟嘯且徐行」。

# 在背後議論別人是非

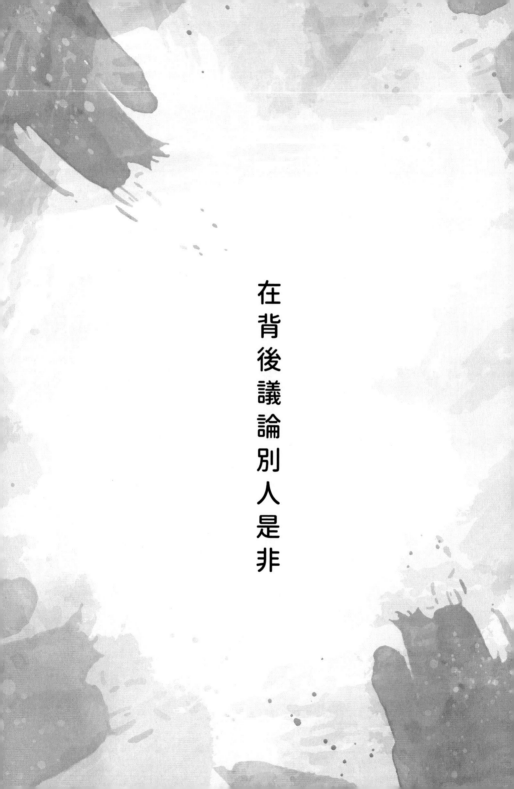

康熙皇帝建立密摺制度，讓小報告滿天飛，而沒資格打小報告的平民百姓則只能在背後議論別人，過過嘴癮，所謂「哪個背後不被說，哪個背後不說人」。

據日本科學家研究顯示，背後說他人閒話是人類的一種重要需求，排在吃飯、喝水之後，性慾之前。有句老話說得好：「誰人背後不說人，誰人背後無人說。」這說明背後議論他人是一種非常普遍的現象。從古至今，人們茶餘飯後孜孜不倦的「事業」就是談論別人，張家長了，李家短了，樂此不疲。沒必要說誰無聊，大家都有議論過別人長短的經歷，也都有被人議論的時候，只有議論著別人，被人議論著，才能證明我們生活在這個複雜的社會中，而不是生活在真空的世界，身邊存在的是一群有思維的人，而不是一堆機器。

透過議論別人的得失，可以省察自己的不足，可以作為前車之鑑，避免自己的失誤；透過議論別人的生活，可以尋找心理平衡，珍惜眼前的生活；透過議論別人的成就，可以激勵自己奮進，在生活中為自己樹立一個楷模。同樣，只有被人議論，才能發現自己與社會的不協調，及時找回生活正確的座標。這些議論形成了社會的輿論，它是社會道德的最初形態，是比法律具有更廣範圍的約束力。「說人」與「被說」為我們生活的社會帶來了很多好處。

然而惡意的議論是令人痛恨的，這包括誇大事實的議論、歪曲事實的議論、懷著醜惡心理去議論、欲置別人於死地的議論。這些人在議論別人的過程中，輕則嘲笑他人、惡語中傷，重則別有用心、混淆視聽。這樣的議論已經超出了正常的社會輿論，非議，是他們人格扭曲的最好展現。

什麼樣的人最容易被人議論？無非是優秀者和不幸者。優秀者通常先是被人豔羨，繼而又摻雜著嫉妒。大家於唏噓感慨中帶著同情，同時又帶著慶幸：「自己還不是最差的。」

不過現實生活中，人們熱衷於或嫉妒或豔羨的論人短長，其實並非出於惡意，大多只是一種心理轉移，目的是排解自己的壓力。有調查顯示，朋友、親戚等認識熟悉的人往往是自己議論得最多的人，而且許多是負面評價，但這不代表我們討厭他們，只是因為彼此很熟，潛意識中覺得危害較小。但是，背後說人閒話並不是一種好的解壓方法。

而且，如果總是在背後說人長短，就是真有心理問題了。這類人的性格特點是憂鬱、性格內向，對事物帶來的消極後果有放大趨向，而且不容易將其消極體驗及時宣洩和排解。天生猜疑、敏感、過分依賴別人，這種不健康的性格往往會形成人際交往障礙，無法與人為善，朋友關係不持久、不牢固。

生活中，人們在一起聊天閒談時，總喜歡說些有趣的事以此為工作和生活增添開心的笑聲和情趣。這種樂趣是生活的浪花，深受人們的歡迎。但是，有些人卻喜歡談論別人的隱私、過失、缺陷等作為樂趣和笑料，揭別人的短來換取笑聲、尋開心。如此拿人取樂，是一種不良行為。它雖然也能引出笑聲，但同時也給被談論者帶來苦惱和怨恨，嚴重影響人際關係的發展，所以千萬不要把談論別人的缺點當作樂趣。

不少人很喜歡對別人評頭論足，特別是講起他人的缺點津津樂道。這樣做的結果，不僅被批評者聽到與你斷交，即使聽的人也會不再敢與你繼續交往。

在我們的生活中，我們總是易於發現別人的缺點、錯誤，而對自己的缺點渾然不覺，正如俗話說的，「自醜不覺，人醜笑煞」、「自己的東西是寶，別人的東西是草」。一旦發現別人的過失、錯誤，就心中不快、指指點點、數落一番，才算消了心中一口氣，但常常不考慮到別人的感受、別人的自尊。每個人都有自尊心，批評、指責、數落，多少會造成傷害，所以千萬不要輕易談論別人的不是。

勿論人非，小心「禍從口出」。語言是一把雙面刃，它可以使人振奮，也可以刺傷一個人的心靈。所謂「良言一句三冬暖，惡言傷人三月寒」，一句惡意的傷人話，說者無意，聽者有心，甚至會導致一個人的毀滅。近年來報紙上關於因忍受不了惡意輿論而自尋短見的例子舉不勝舉。法律還規定對故意誹謗者將予以法律制裁。

平等相待是人際交往的重要原則。因此，在交往中，不能因對方的名聲、職位、身分、地位不同而另眼相待。這樣才能使自己的人際關係得到健康發展。

不要輕視任何人，每個人都有他的優點和特長，說不定你的弱項正是他們的強項，說不定關鍵時刻給你幫助最大的是你平時最不起眼的朋友。不要輕視一個人的職業，每一份存在的職業都有它的作用。整個社會是一臺龐大的機器，那麼任何一個不起眼的職業就是一枚小螺絲釘，一旦缺少的話，機器遲早會出現故障，你的生活離不開別人細小的工作，你吃的每一口飯，你穿的衣服，可以說你的一切的一切，都凝聚著無數人無法計量的細微工作。

有位曾在打字機廠當過模具工人的年輕人，自幼喜愛刻圖章、畫畫、書法，後來，他開始鑽研在頭髮上刻字，被許多人譏笑，經過多次失敗的磨練，終於在頭髮上刻出詩句。這些字要用顯微鏡才能看得見。消息一出，轟動於世，被人們譽為「曠古奇才，驚人絕藝」的「青年髮刻藝術家」。

偉大的物理學家、相對論的提出者愛因斯坦（Albert Einstein）小時候被老師認為是最笨的學生，有一次老師讓班上每個人做一條小板凳，最後老師把他的挑出來，說是全班最醜陋的。大發明家愛迪生（Thomas Alva Edison）小時候被老師認為「無法教育」而帶回家中由其母自教。不平凡的人物常常從最不平凡的事情做起，正是在平凡的工作中創造了不平凡的業績。

思索議論別人或許可以暫時讓自己放鬆和愉快，但從長遠來看，傷害了別人，留下了禍根，害處是無法估量的。所以，要從提升自身的道德素養開始，戒除「長舌婦」心理。

要學會以平常之心對待自己遇到的各種小道消息，降低自己在這方面的好奇心，那麼對主管、同事、鄰里親朋的小道消息也就沒有了興趣。

# 貶低他人，抬高自己

「貶低別人，抬高自己」，這是常見的一種利用「相對論」進行的「競爭性抑制」的現象。在一定的條件下，如相互間不那麼熟悉，是能夠對別人有一定的損害的，會使其他人對被貶者的評價降低。但是長遠來說，則會使貶損別人者付出被認為「人格低下」的代價。

在生活中，有些人往往喜歡貶低別人，從而抬高自己。有些人為了抬高自己、貶損他人竟達到了捏造事實的地步。儘管他所說的事情是捏造的，可也是有模有樣的，頗能迷惑人。面對捏造事實的指責，受害人有口難辯，無可奈何。正如下面例子中的兩人，貶低唐明的李強，最終是要被唐明所疏遠。

唐明與李強同去某地出差，採購一種緊缺物資。他們到某地時，當地已無貨供應，必須再等一個月才有貨。於是，唐明與李強空手而歸。可是在向主管彙報時，李強竟對主管說：「年輕人就是貪睡，那天早晨如果唐明早點起來，我們可能就買到貨了。」唐明說：「本來就沒有貨了啊，這與起早起遲有什麼連繫呢？」主管連忙批評唐明說：「老李說得對啊！你應該接受，以後改正啊！」唐明聽了主管的批評只有無可奈何地嘆氣，還有什麼可辯解的呢？不過從此以後，唐明對李強疏遠起來。主管再派他與李強一道出差，他都藉故推辭。

現實當中，有些人為了達到貶損他人的目的，將針眼大的事情說得比籮筐還大。最終還是害人更害己。

某科學研究單位的趙文卓應朋友之邀，幫了朋友兩次忙，解決了一些技術上的問題，不巧讓本單位的黃曉強知道了。於是在一次會議上，黃曉強說：「趙文卓受了金錢的誘惑，不好好做本職工作，竟去從事副業。這種做法是缺乏事業心和敬業精神的表現。」趙文卓僅僅幫了朋友兩次忙，黃曉強竟誇大成「從事副業」，並為其戴上「受了金錢誘惑」的大帽子。

為什麼有些人會不擇手段地貶損他人、抬高自己呢？其原因顯然是出於一種站在自己的利益上考慮的心理。有些人為了充分地顯示自己的高明和非凡，因此往往喜歡找參照物，自以為透過貶損他人，自己的高明和非凡就充分地表現出來了。

李浩自我感覺良好，然而在單位人緣不好。因此他經常抱怨世態炎涼，責怪同事寡情。真的是世態炎涼、同事寡情嗎？非也！原來是李浩自命不凡，每逢開會，年終考核，他都喋喋不休地貶損他人，以顯示自己「崇高的思想」、「卓越的才能」、「非凡的業績」。因此，同事們都覺得李浩太過分、太不像話了。於是大家都不買他的帳，他陷入了孤家寡人的境地。顯然，李浩人緣不好，其原因在於貶低他人，抬高自己。

有人為了表達不滿，還會在公共場合含沙射影，無中生有，胡編亂造，大肆攻擊對方，這種以攻擊貶低別人為快的做法真是一種愚蠢的行為。誠然，直言不諱、剛正不阿、痛快淋漓可能代表了一些談天論地的心情或表現。但是，我們常常將這種個人喜好強加到工作和生活中，的確是不太好。既然每個人工作環境都不可能盡善盡美，那麼，我們最主要任務就是提升自己的長處，改善自己短處，達到競爭力無形提升，從而達到全面提升自己實力的目的。

聽過這麼一個故事：一位先生發現，新來的鄰居太太很喜歡就審美問題發表見解。這位太太說：「我就不喜歡高鼻子，大象的鼻子倒是大，但是好看嗎？鼻子大的人多半目空一切，自命不凡。」她這麼一說，不由得讓人多看了幾眼她的鼻子，發現原來是她的鼻子太小。

她還經常說：「頭髮太黑了，效果並不太好。因為現在時興染髮，如果你的頭髮又黑又亮，人家都會認為你是染的。到了外國，各式各樣的假髮就更普遍了，要粗有有粗、要細有細、要紅有紅、要黃有黃。這個時代，頭髮已不能作為判斷一個女人美不美的標準了。」她說了這麼多，不由得讓人們又注意了一下她的頭髮，原來她的頭髮稀疏、乾枯、褐黃，好像是得了白黴菌病的蕎麥。隨著這位鄰居太太的美學理論的不斷發表，也使人們不斷看到，她的相貌實在是讓人不敢恭維。企圖以貶低別人的方法來抬高自己，卻會使自己陷入真正的窘境。

不管貶損他人、抬高自己出於何種心理，都是一種缺乏道德的行為。貶損他人、抬高自己的虛榮心理是建立在個人主義的基礎之上的。因此這種思想如果長期發展下去，就會導致個人主義惡性膨脹，形成一種唯我獨尊的心理狀態，因而在單位無疑就會自以為是，無條件地要求別人服從自己、尊重自己。別人一旦不服從自己、不尊重自己，就會產生一種嚴重的失落感。然而這種人的行為是絕不會得到別人尊重的，只會越來越激起別人對他的反感。這種高期望與實際的反差不可避免地導致這種人的自我消沉。

貶損別人，勢必帶給別人精神上的不愉快。因為貶損與實際差距很大，實際上是對別人工作的一種主觀的否定，所以一旦帶給別人思想上的不愉快，就會嚴重影響他人的正常的思想情緒。另一方面，貶損的言辭還有可能被一些別有用心的人利用，作為攻擊或整治他人的材料，勢必破壞團結和諧的人際關係。

貶損他人、抬高自己確實十分令人生厭。一個單位如果有幾個這樣的人，大家肯定難以愉快地工作和學習。因此對待這種人絕不可姑息，應該設法糾正他們這種缺乏道德的行為，創造一個愉快的工作和學習環境。

對於捏造事實貶損他人的人，受害人應該勇於澄清事實。澄清事實不需要爭辯，在心平氣和的心境下將事實原原本本地公之於眾，並且列舉證據，說明事實真相，使捏造事實者在證據面前無法交待，從而喚醒他們的良知，在鐵證面前幡然悔悟。

對一貫貶損他人、抬高自己的人在年終考核中大家都應直率地對其提出批評，並分析其行為的實質，使其改正不良行為。因為一貫捏造事實貶損他人侵犯了他人的人身權利，對他人的身心造成了損害，因此受害人應該訴諸法律，讓其受到法律的懲罰，從而收斂這種不良行為。靠貶損別人來抬高自己的人，遲早會被人揭穿把戲，或者被別人以相同的手段、方式給踩下來。

貶損他人藉以提高自己是一種缺乏道德、缺乏修養的行為，它助長了不靠真才實學而以投機取巧、損人利己取利的歪風邪氣，是被人所鄙視的一種行為。而有這種行為的人，最終非但不能把自己抬高，反而會重重地摔在地上。

# 表面功夫

不要花太多心思在表面功夫上，那樣別人會察覺到的，會覺得你虛偽。不管怎麼樣，表面功夫要做，但是要適可而止。多了就會虛偽，少了別人說你自裝清高。

現在社會，人們越來越愛做表面功夫了。表面功夫不僅僅在於小的細節上，甚至是大的事件上也是如此。只能看到你的表面功夫說明這個人也沒多麼有內涵，可是現在大多數人們都這個樣子了。原來別人教導我們說只要有內涵就會由內而外的散發吸引力，表面只是一個較低的層次，可是現在不是了。我們每天費盡心思地用面具掩蓋真實的自己真是悲劇。

「虛有其表」是否敗絮其中？但名實不副的現象卻是不勝列舉！

荷葉在人們心中一直是「出淤泥而不染」從不貪戀一滴水珠的「君子」。然而，它是否就是「君子」呢？事實上，它只是做了點「表面功夫」罷了！它的葉莖不索求一滴水珠，似是毫無私心，而它的根呢？它的根卻在肆無忌憚的吮吸著池底的水分和養料，甚至連泥土也不放過！如若池中不添新水，只需幾日水分便會被它的根吸食殆盡，直到泥土乾涸。如此作為又豈能說是「君子」，說是無私呢？更何況，其莖葉也只是為了自己的水分不流失而玩的把戲罷了！

爬山虎也是世人心中頑強的象徵，它勇於在堅實的牆體上頑強的生長直到滿牆蔥綠，毫無間隙。它的確頑強！但它為了生存不惜遮蔽他人視窗的陽光，從未考慮別人的感受！讓他人房中昏黑一片。拉開它的葉子，它的「小足」仍固執的貼著牆體。仔細觀察你便能發現「小足」密集之處，牆面滿是裂紋，雖不至於使牆體崩塌，然而也讓人感受到了它的蠻橫！為了自己的生長，它不顧別人的「疼痛」！如此的頑強也值得表彰嗎？

牡丹，常被人們稱作過為諂媚、張揚的象徵。然而它卻是有著別人沒有的一身傲骨，至於張揚也是與生俱來，張揚到底！相傳武后登基曾招來百花，限它們冬日齊開。其餘百花都一齊開放，唯獨牡丹，毫不低頭！武皇大怒將它貶至洛陽。然而到了洛陽後卻使它開得更為繁茂！它的張揚是開花之日便開的張揚，落花之時亦落的張揚！它開時是百朵齊放，開得淋漓盡致；落時是整朵全落，落得無比盡興！浩浩蕩蕩地開，完完整整地落！如此的作為難道不是可敬、可佩的嗎？表裡如一的美才是真正的美！

無名的野草曾為人們所斥責，說它們毫無章法。然而，它們卻以自己的方式成長著，它們以自己柔弱的身體捍衛著大地，保衛著我們！它們向來無拘無束，不為世俗所絆，欣欣向榮！它們也不向世俗低頭，不屈於水火。以頑強的意志，闡述著生命的意義！

「表面功夫」是誰都會做的，但要真正做到表裡如一卻是如此之難！不為世俗所絆、不被表象所惑，方能感知真正的生活！

每個人的心都是不一樣的，或許很寂靜，因為太孤寂了，所以，不免會只做表面的功夫，但也有些人就會在心靈上給予別人真誠。有些人因為太害怕自己被別人傷害，所以才會武裝自己，把脆弱的心藏在不堅的表面下。然而，表面功夫再好終會有敗露的一天，紙是包不住火的。做表面工作也只是一種虛偽的表現而已。

做表面功夫是人類的天性，隨著社會的發展，時代的進步，而表現在各個方面。凡是有利也有害，在生活中我們要懂得做表面功夫的危害，同時也要利用好有利的一面。

與人交往，心裡要有秤桿。遇到那些喜歡做表面功夫的人，既然知道對方是什麼樣的人，就一定有跟他們「和平」相處的方法。不要拆穿他們，要知道你看得出來他們是喜歡做表面功夫的人，別人一定也看得出來，不需要你唸叨著讓別人知道。做你該做的事，最重要的還是要讓自己開心，不要受他們影響。

記仇往往大過記恩

恩莫到無以加處，就是對人不要一次性好到極點，對人太好了，以後稍差一點，他就會感覺你對他不好了，從而對你有意見。

一個人，假如能將他人對自己的恩情銘記於心，將他人對自己的仇恨像沙子上得字跡一樣忘記，他便可以成為一個偉人。然而在現實生活當中，人們往往是記仇勝於記恩。

傳說有兩個人在沙漠中旅行，在旅途中他們吵架了，一個還給了另外一個一記耳光。被打的覺得受辱，一言不語，在沙子上寫下：「今天我的好朋友打了我一巴掌。」他們繼續往前走。直到到了沃野，他們就決定停下，但當他們過河時，被打巴掌的那位差點淹死，幸好被朋友救起來了。被救起後，他拿了一把小劍在石頭上刻了：「今天我的好朋友救了我一命。」他的朋友問他：「為什麼我打了你以後，你要寫在沙子上，而現在要刻在石頭上呢？」另個笑笑地回答說：「當被一個朋友傷害時，要寫在易忘的地方，風會負責抹去它；相反的如果被幫助，我們要把它刻在心裡的深處，那裡任何風都不能抹滅它。」

兩人相處時給對方的傷害往往是無心的，幫助卻是真心的，忘記那些無心的傷害；銘記那些對你的真心呵護，你會發現這世上你有很多值得留戀的地方……

俗語說：「你只需要花一分鐘注意到一個人；一小時內變成朋友；一天讓你愛上他；一旦真心愛上……你卻需要花上一生的時間將他遺忘。」

在日常生活中，就算最要好的朋友也會有摩擦，我們也許會因這些摩擦而分開。但每當夜闌人靜時，我們望向星空，總會看到過去的美好回憶。不知為何，一些瑣碎的回憶，卻為我寂寞的心靈帶來無限的震撼！就是這種震撼，令我明白你對我的重要！

一個成功的人往往不能缺少大度這一品格。世界首富比爾蓋茲（Bill Gates），便是一個大度的人。

在他創業之初時，手頭上沒錢，四處借貸，大多數親朋好友因為不相信他能夠創業成功而分文不借。這也難怪，因為當時美國軟體業的創業歷史還是一片空白。自然無人會相信他。但是，正當他四處碰壁、垂頭喪氣的時候，一個同學打電話來，聲稱願意借20萬美元給他。這筆資金如同雪中送炭，使得比爾的公司得以開張。開業後，比爾和他的夥伴們團結合作，日以繼夜地工作。數月後，他的公司所設計的第一個程式出爐了，但是距離市場的認可尚需一段時間的等待。可是，他的那位同學卻在此時威脅他，要他將那個軟體的著作權轉到他的名下，否則便撤走全部資金。此刻，比爾卻毫不猶豫地同意了。再過了幾年，比爾的公司成為了美國最大的軟體開發公司，他本人也隨之富了起來。可是當他被問及到那個當初資助他的同學時，他總是說：「我十分感激他，因為是他讓我擁有了自己的公司，如果沒有他就沒有我的今天，他是我一生的恩人。我永遠不會忘記。」可見，我們應時刻念及他人對我們的恩情，仇恨是可以忘記的，但是恩情卻必須永生不忘。

一個大度的人，一定能夠銘記往日他人對自己的恩情，而會忘記那本不就該有的仇恨。仇恨是不必要的。假如我們總是對他人抱有仇恨，那麼我們便不能抬起頭來，去光明正大的面對生活，面對世界，固然也不會成大事。

其實，誰又會希望人與人之間充滿仇恨，相互不信任呢？假如你我之間，人與人之間都能不計前嫌，和諧共處的話，那麼整個世界便會變得無比美好。所以，只要我們能時常念及他人對我們的恩情，再忘記他人的不好之處以及仇恨，記恩不記仇，那麼便可人人歡樂、家庭幸福、社會和諧！

將怨念撒入大海，放飛到空中，輕寫在沙上，永遠忘記！將恩情刻於山石上，牢記在心中，永不忘卻。因此，我們平時就應該保持樂觀、平靜、坦然、愉快的心情。

當情緒不好時，有意識地轉移話題，或者做點別的事情，如聽音樂、看電視、做運動、打下休閒遊戲、再或者出去散散步等，來分散自己的注意力，這樣可以使情緒得到緩解。

適時地把自己心中的煩惱向親人或知心的朋友訴說甚至大哭一場，或者用摔枕頭、打沙袋等方式，把積壓在內心的煩惱宣洩出來，這樣也會有利於身心健康。但是，要注意宣洩的對象、地點、和場合，方法也要適當，避免傷害別人。

當你想得到一件東西，或者是想做某件事而未能成功時，為了減少內心的失望，可以找一個適當的理由來安慰自己，這樣可以幫助你在挫折面前現實，保持較為樂觀的態度。或者學會找一件事代替它，這樣子就可以把那些不快樂都忘掉，忘記仇恨，多記憶一些美好的東西，人生才會生活得更好。

# 愛慕虛榮

炫耀金錢，炫耀權力，炫耀才華者不計其數。人越是缺少什麼，就越是愛炫耀什麼。炫耀，只是將現有的某種東西無限放大來遮掩內心空虛的一種表現。

面子對於華人來說異乎尋常地重要。人們總是盡全力來保住顏面，為了面子，可以做出違背常理的事。

人們常常有一個弱點，那就是利益可以失去，面子卻不能丟。

在一個偏僻的小山村，傻根兒的母親臨死前怕送葬花錢欠債太多，告訴傻根兒死後不發喪，否則就是不孝。傻根兒依囑行事，偷偷葬母。不料走漏了風聲，眾親戚紛紛而至，指著傻根兒的鼻子破口大罵：「混帳東西，連母親的喪禮費都不肯花，要你這個不孝順的東西有什麼用？」、「你這個畜生不要面子，我們還要呢！」更有的親戚要動手上房揭瓦拆房。最後，傻根兒只好屈服，重新舉行了所謂在小山村有臉面的葬禮。親戚們流著興奮的眼淚竊竊私語：「這下可為我們爭來了面子，傻根兒娘在九泉之下也能瞑目了。」可憐的傻根兒卻因此欠下了20,000多元的債務。

「死要面子」等於慢性自殺。愛面子問題，幾乎成為從古至今許多人的共同心態。有人非常愛面子，家裡窮，卻愛炫耀，他總愛拿塊豬油擦嘴，然後到外面跟人說吃了什麼好東西。有一天，他在跟人炫耀，兒子突然慌慌張張說：「爸，不好了，你那塊抹嘴的豬油被貓偷跑了。」此人就問你娘怎麼不追。兒子答：「娘的褲子你不是穿著嗎？」

魯迅先生在《說「面子」》一文中說過，「每一種身分，就有一種面子」。人們的「面子」觀念往往是與他在社會上的地位、職業相稱的。人們在心裡都有一種對自我形象的定位，與這種形象不相稱的行為，他們就認為「丟臉」了，而若是有些東西會令這種形象更光彩的，他們就會覺得「很有面子」。

有一個人做生意失敗了，但是他仍然極力維持原有的排場，唯恐別人看出他的失意。為了能重新起來，他經常請人吃飯，拉攏關係。宴會時，他租用私家車去接賓客，並請了兩個鐘點工扮作女傭，佳餚一道道地端上，他以嚴厲的眼光制止自己久不知肉味的孩子搶菜。雖然前一瓶酒尚未喝完，他已砰然開啟櫃中最後一瓶。當那些心裡有數的客人酒足飯飽告辭離去時，每一個人都熱烈地致謝，並露出同情的眼光。最後，他不但沒有得到任何幫助，反倒花光了積蓄，欠了一屁股的債。

面子消費被法國哲學家尚·布希亞（Jean Baudrillard）稱之為符號消費（Symbol Consumption），就是追逐商品符號價值的消費。但許多消費是與生活品質失衡的，有人鄙視地說：一個女人得意洋洋的手拿 LV 包，不管是真的假的，這人基本上就不可以交了，女朋友做不得，更不能娶，談情說愛就更要免了。當然有例外，那就是這女人真有錢。奢侈品消費增多，說明這個人群中有虛榮心的人也在增加，他們相互比較，在奢侈品市場推波助瀾，也正因為著這樣的俗化，是社會過度寬容了虛榮心的泛濫。

最近在電視看到這麼一個故事，故事裡講的是一對來自大城市高學歷高收入的大齡男女，也可能是出於對對方的一見鍾情，這兩人才認識短短不到兩個月的時間就匆匆結婚了，但在結婚的那一天由於女方太礙於自己的面子，不顧自己已經身懷六甲卻依然去陪他們的同學姐妹喝酒。而男方出於對女方身體考慮不讓她那麼做，但女方那邊執意不聽，結果這個孩子終究是流產了，從此他們美好的婚姻也結束了……

有時我們不禁要捫心自問：在面臨愛情和面子的問題，我們是選擇愛情呢？還是選擇面子呢？

在漢字中，「臉」和「面」在某些意義上是相通的，例如「洗面」和「洗臉」。但在「臉面」這個詞中，「面」和「臉」卻存在著較大的差異。「臉」是指道德法則下的判斷，如罵某人為「不要臉」；而「面」則更多包含著權力的意味。這就揭示出了好面子的第一個心理動因，即炫耀權力的欲望。很多人認為自己可以做到別人做不到的事，就證明他擁有他人沒有的資源和權力。此外，自卑也會導致好面子。宋真宗認為「澶淵之盟」讓他的自尊心受到了極大的傷害，他在對手面前感到自卑，於是，他一口氣把「五嶽」都封禪了，以此來維護他的臉面。

由此，我們可以看出，有些人明明在別人面前感到自卑，但他們又不願意讓其他人看低自己，於是，只能用所謂的面子來聊以自慰。魯迅先生筆下的阿Q也是如此，他在趙老爺面前唯唯諾諾、自卑得很，但是他被打之後，總是用「老子打兒子」來努力維持可憐的自尊。

在心理學上，「羊群效應」（herding effect）也是導致好面子的一個重要因素。所謂「羊群效應」就是盲目心理的表現。現在有很多「名校」，你的孩子能去，我的孩子如果不去那顯得多沒面子。於是，名校就像是羊群喜愛的綠洲，只要一個家長幫孩子報名，許多家長就跟風而至。這些人好面子主要是害怕別人瞧不起自己，最保險的辦法就是隨大流。

其實，愛面子本是一件正常的事，起碼說明人們還擁有自尊心和自己的人格。問題在於，人們用愛面子的心態去維護自尊的目的往往發生了偏離。從深層考慮，人們「愛面子」的行為表現通常是為了在別人的眼前炫耀，是為了把自己在別人心目中的「評分」提高一些而已，而這些行為表現也不一定合乎社會、他人和自身的利益。說到底，很多人的「要面子」實際只是一種虛榮心。他們所理解的「面子」只是等同於別人羨慕的眼光、讚賞的語言和自己那種高人一等的飄飄然的感覺而已。

這種虛榮的「面子觀」存在於人們心中其實是為禍不淺的，其中只是使人們不惜比闊鬥富，鋪張浪費。除此之外，這種「面子觀」帶給人們的最大害處莫過於阻礙了獨立思考的能力，使不少人只跟著「人言」走，常常迷失了自我。由於愛面子的人更多考慮的是別人對自己的評價，因而他們的行為標準就完全取決人的思維了。林語堂說的「甚至傾家蕩產而為之」，原因就在於此。

人類的虛榮之心，已經是根深蒂固，難以剷除的了。要想從根本上解決人類的虛榮問題，根本不在於如何破壞它，而是在於如何改善它，誘導它走向有用的方面。倘若有人因為有錢而虛榮，只要告訴他，把他的錢拿出來經營一種事業，使人類的生活多一種安全的保障，那麼，便可以得到人們的原諒了。別再讓「虛榮」橫行無忌了，虛榮者都是紙老虎，一點就破。認清自己，踏實行動，才是必勝的法寶。總而言之，愛慕虛榮，一定要根除，不然，死要面子等於折磨自己。

過得安逸，得過且過

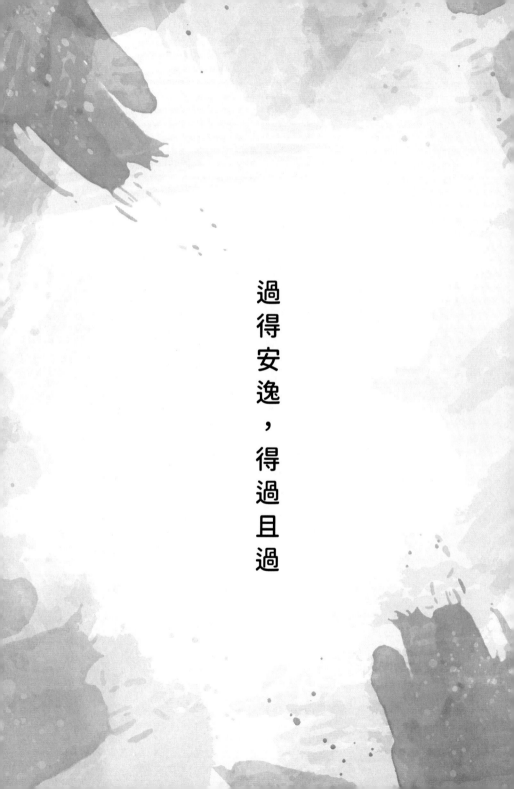

大多數人沒有危機意識：今朝有酒今朝醉，從來不考慮退路、後路。每個人都喜歡享受，都有貪圖安逸的心理，這點無可厚非，但是一個人若想要成就一番事業，就不能有貪圖安逸的心理。

一個成功的創業者，應該每天都充滿朝氣，每天都充滿鬥志，就像非洲大草原上的獅子一樣，每天清晨一睜開眼睛，想的就是今天一定要捉住那隻跑得最慢的羚羊，又或者就像非洲大草原上的羚羊一樣，每天清晨一睜開眼睛，想的就是今天一定要跑過跑得最快的那頭獅子。

貪圖安逸的老闆欠缺的正是這樣一種精神，他們總是想有點吃的喝的就好了，幹嘛這麼累？公司能生存就行了，難道還想進世界500強不成？他們對於事業有一種得過且過的想法，不會對事業多付出一點心血。他們寧願花上一個下午去想晚上吃什麼，也懶得去想公司這幾個月的業績是否大幅下滑。說到底，以他們這種有口飯吃就算不錯的心理，能當上老闆，倒也是個不大不小的奇蹟呢！

貪圖安逸的老闆在本質上希望過上悠然自得的生活。貪圖安逸的人，也許是一個好丈夫，一個好朋友，但不是一個好老闆。另外一種貪圖安逸型的老闆，他們對手下要求極其嚴格，巴不得榨乾員工的每一滴血汗，而他們自己卻無所事事，整日吃喝玩樂。這樣的老闆把工作重任都交給了員工，而自己只管享受勞動成果。這樣的老闆一般已經做出了一番成績，但是缺乏積極進取的精神，總認為奮鬥到了一定的時候就應該享受了，工作嘛，那是還在奮鬥中的其他人的事情。永無休止的雜事、瑣事會讓下屬沒有喘息的機會，甚至一些重大的決策也會落到下屬的頭上，因為老闆正在享受中，無暇顧及。可是一旦不合其意，首當其衝倒楣的還是下屬。這樣的公司必定怨聲載道，這類老闆最大的缺點就是無法以身作則，致使下屬對他們失去信心。

東漢末年，孫策在平定江東時，每次都衝鋒陷陣在最前列。下屬們很為他擔心，他卻回答道：「如果我不親冒矢石，那麼將士們又有誰會勇猛作戰呢？」他能迅速掃平江東，奠定穩固的後方，不能說與其以身作則沒有關係。

戰爭如此，治家治業亦是如此，那些貪圖安逸無法以身作則的老闆們都應該向孫策學習學習了。身為一個老闆，不管身處順境或逆境，都應該時刻奮發圖強，而不應該得過且過，貪圖一時的安逸。

過於追求安逸，以安逸為樂，就像鴆酒一樣對人產生毒害，所以古人深以為戒。常言道：「生於憂患，死於安樂」，雖然安樂不一定會死，但是它卻能增加人的惰性，使人放縱自己，喪失意志。

《論語．陽貨篇》記載孔子的一句話，他的意思說：「整天吃飽了飯，沒事可做，這樣不行啊。不是有下棋的遊戲嗎？下下棋也比閒著好！」《孟子上》也說：「吃飽飯，穿著暖和的衣服，安逸的住著，卻沒有受到教育，這就接近於禽獸。」可見，古人早就明白安逸會有害於人的道理，安逸的生活而有缺乏教育，會使人走上邪路，做出與禽獸無異的事情。

三國時，劉備曾流著淚感嘆道：「以前經常身不離馬鞍，腿上的肉都消下去，如今不再騎馬，肉又長出來了。日月像流水一樣，老將至矣，而功業未建，不能不為此悲哀啊！」

晉朝的陶侃每天早上運一百個甓到屋外，到晚上再運回屋內，別人奇怪的問其原因，他答道：「我正為中原的事盡心盡力，如果過於安逸，恐怕不能勝任此事，所以我要經常鍛鍊。」後來他督察八州，聲名顯赫。

人生短短幾十年的光陰，如果放縱自己去享受安逸的生活，必會懶散而無目標，意志消沉，從而害怕艱苦的生活，懼怕磨難，養成驕傲自大又不吃苦的習性，根本不可能磨練出頑強的意志，面對挫折則放棄自己的志向，難有建樹。而且還有可能因為貪圖安逸而招致災禍。大成之人，必是意志堅強、勤奮不輟之人。

從古到今，過分安逸的生活曾經葬送了許許多多原本應該在人世間有所作為的生命。春秋時期，齊國名相管仲曾經進諫齊桓公說：「宴安鴆毒，不可懷也。」古人視貪圖安逸比毒酒更害人，因為它會吞噬人們的意志。然而，在現代社會中，仍然有許多人不知道珍惜光陰與自己的生命，一味的放縱物質享受的欲望，追求荒淫無度和醉生夢死的生活，在不知不覺中慢慢走向毀滅。

相傳古時候在北方的某大湖中有一個小島，島上住著一位老漁翁和他的妻子。平時，老漁翁搖船在湖中捕魚，他的妻子則在島上養雞餵鴨，除了買些油鹽，他們很少與外界往來。有一年秋天，有一群天鵝來到島上，牠們從很遙遠的北方飛來，準備飛去南方過冬。老夫婦見到這群天外來客，非常高興，因為他們在這裡住了那麼多年，並沒有誰曾經來島上拜訪過他們。

漁翁夫婦為了表達他們的喜悅，拿出餵雞的飼料和打來的小魚招待天鵝，於是這群天鵝逐漸就與這對老夫婦熟悉起來。在島上，牠們不僅大搖大擺地走來走去，而且在老漁翁捕魚時，牠們還隨船而行，嬉戲左右。冬天來了，這群天鵝竟然沒有繼續南飛，牠們白天在湖上覓食，晚上在小島上棲息。湖面封凍，牠們無法繼續獲得食物，老夫婦就敞開他們的茅屋讓牠們進屋裡取暖，並且餵牠們，這種關懷與照顧一直延續到春天來臨，湖面解凍。

日復一日，年復一年。每年冬天，這對老夫婦都同樣不厭其煩的照顧著這群天鵝。終於有一天，他們老了，離開了小島。天鵝也從此消失了，不過牠們不是飛向南方，而是在第二年湖面封凍時餓死了。

一個人活在世間而沒有進取心，他們的處境也就像這故事中的天鵝一樣，雖然表面上生活無憂，舒適悠閒，但是在不遠的未來卻潛伏著巨大的生存危機。珍惜光陰就是珍惜生命，對於貪圖安逸者來講，那群天鵝的下場足以使人引以為鑑。

巴黎有位病號，長年生病，屢治不癒。有一位名醫，開了這樣一張處方給他：一天吃一個凱旋門蘋果，不得間斷，明年今日複診。原來，凱旋門距這病號家約10多英里，往返一趟20多英里，一年不間斷共步行7,000餘英里。一年後，這病號未來複診。醫生家訪，發現該病號紅光滿面，痊癒了。

清代，太原有個雜貨鋪老闆得了重病，到處求醫，均無效果。名醫傅山要他親自去找戴過三年的舊草帽100頂，然後再配方治病。老闆每天清早步行至東門，往返20多公里，看農民進城趕集，遇有戴過三年的草帽，便高價收買。這100頂舊草帽整整收集了一年，老闆共步行7,200多公里。這時，老闆飯量增加，身體逐漸恢復。當他拿著100頂舊草帽來找傅山時。傅山笑著說：「病已經幫你治好了！」老闆這才恍然大悟。

現代免疫學的研究為以上兩位患者的康復提供了依據：人的免疫功能，動則盛，惰則衰。貪圖安逸的人，由於活動少，四肢懈怠，久而久之，其體力和精力都會走下坡，抵禦疾病的能力隨之下降，其心臟往往會早衰10－15年，患心血管疾病的危險亦比一般人高1－3.5倍，許多疾病將不招自來，如消化性潰瘍、糖尿病、膽結石、心律失常等。

人的大腦也如此，用進廢退。追求奮進、勤於用腦的人，大腦能不斷釋放腦內啡等生化物質，腦內的核糖核酸含量要比普通人的平均水準高出10%-20%，促進健康；而貪圖安逸、惰於用腦的人，其大腦機能長期被壓抑，使腦內啡和腦核糖核酸含量降低，對健康極其不利。現代醫學研究顯示，人的衰老源於腦的衰老，只要保持著腦的年輕，人將青春長駐。

研究還顯示，貪圖安逸的人，大多生活上懶懶散散，不思進取，工作上馬馬虎虎，敷衍了事，往往容易導致自身負性情緒的產生，如憂鬱、沮喪、怨恨、憤恨、煩惱等，常常垂頭喪氣，鬱鬱寡歡。這種負性情緒，不僅為罹患各種疾病敞開大門，亦容易導致未老先衰。

貪圖安逸，心理上生理上均陷入惰性，任何年齡層都可發生，但特別容易產生的是中老年期。有些人到了中年，便哀嘆「人到中年萬事休」，一辦退離休，便產生日薄西山的消極情緒，對生活採取混的態度，這是千萬要不得的。

貪婪是人的本性

良田萬頃日食一升，廣廈千間夜眠八尺。很多人都是不滿足，太過貪婪，明明薪水就夠花，偏偏要貪汙幾個億，累死都花不完，結果一旦事發，錢都追繳了，還把命拿去做利息。

貪婪是一種十分奇特的心理，貪婪者只為了滿足其聚斂之欲，不惜觸犯法律，傷天害理，無異於投身黑暗地獄。

現在許多人都特別看重財富，為它的得失而大喜大悲，甚至不惜生命，上山下海尋找寶藏。經濟社會裡，財富已經成為人生的必要組成結構。財富會改變人的生活方式，甚至會改變整個人。於是，我們看到有的人變得富有了，為人的根本也丟失了，也丟失了許多比財富更有價值的東西，譬如朋友、家人等。

做人，切記不要太貪婪。

古代的一個詩人郁離子住在山中，養了幾隻母雞。有一天半夜，一陣雞叫，狐狸從雞舍裡拖走一隻雞，郁離子連忙去追趕，追得滿頭大汗，沒有追到狐狸。

郁離子猜到狐狸這次既然得了便宜，絕不會就此罷休，就在雞舍旁守著，果然到了第二天半夜狐狸又來了，為了不把狐狸驚走，郁離子沉住氣，等狐狸進了雞舍時，又咬住了一隻雞，他才從後面把狐狸捉住了。

說也奇怪，這狐狸雖然已經被捉住，可不管你怎麼拉，它總是死命咬住這雞不放，郁離子嘆到：「貪心的狐狸啊！你真可以說是致死不悟了，可是像你這樣的事情多著呢，有些貪財的人和你半斤八兩，相差不多呀！」

人之所以被稱作萬物之靈，就在於有理智，憑理智人能自己控制自己；人也會比動物更蠢，那是因為人會喪失理智，自己連自己都控制不了。貪心一旦膨脹，膨脹到難以控制時，不僅會喪失理智，還會喪失人性。

貪慾，實在是可怕得很！世間喪身害命的，往往都是由於貪慾的緣故。你看那飛蛾投火，魚兒上鉤，不就是貪慾所促使的嗎？你看那些因盜竊罪、姦淫罪而被囚禁在監獄的犯人，不都是貪慾所陷害的嗎？

過去，有張、王二人相約出遊，他們在路上撿到一塊金元寶，二人大喜，商量結果，公平均分。路上，姓張的對姓王的說道：「這一塊金元寶，讓我們二人遇到，是當地城隍老爺有眼，給我們發財的機會，我們應該買些酒菜到城隍老爺的面前拜拜，感激他的恩惠。」

「這樣很好，你去買菜，我在城隍廟前等你。」姓王的也很歡喜這麼做。但此刻二人心中各懷了鬼胎。姓張的心中想：這塊金元寶，兩個人分，一人只有一半，這一半能用多久？姓王的心中也想：這塊金元寶，兩個人分，不如一人獨得。

貪慾心裡起，惡向膽邊生。姓張的想在酒菜裡放些毒藥，害死姓王的，他好一個人獨得那一塊金元寶！姓王的見到城隍廟中無人，準備了一把斧頭，想砍死姓張的，他好一個人獨得那一塊金元寶！張、王二人自以為想得妙計，對方絕不會知道這一點。

當姓張的酒菜買來，正在向城隍爺求拜的時候，想不到姓王的一斧頭從腦後砍來！姓張的死後，姓王的歡喜非凡，正想拿著金元寶逃之夭夭的時候，忽然覺得飢腸轆轆，他想何不將供在城隍爺前的酒肉拿下來充飢。他一人自斟自飲，忽覺天旋地轉，藥性發作，不久就一命嗚呼了！

張、王二人因為貪慾過大，皆想獨得金元寶，因此萌發害人之意，沒想到卻害了自己！這是因果現報，也說明了一切罪惡都是從貪慾生起的。

貪慾能令人無惡不作。貪愛注定罪惡，鬆不開手亦得不到解脫。生與死之間，有時很遠，有時就在身邊。看看今天的一些人，搶劫銀行的，販毒的，綁架勒索的，殺人越貨的……一樣是要錢不要命的貨色，他們的最後結局也是橫屍刑場。他們指望僥倖不死，但法網恢恢，誰能躲得過去？

一對昔日情同姐妹的同事兼好朋友，為了競爭一個副處長的職位竟然反目成仇。姐姐對成為強勁競爭對手的妹妹痛起殺心，不顧多年的姐妹情誼，設計多種殘害的手段，後來使了最毒辣的一招僱凶毀容！用硫酸將容貌姣好、正值事業巔峰期的好朋友毀成一個今後生活下去都顯艱難的人。

案件偵破後，受害方極度驚愕，難以置信毀自己的竟然是自己的好朋友。

過去在一起共事時的默契配合、生活上的相互關心促膝長談，此刻都顯得是那麼的虛假與不真實。受害者在知道事實真相的時候，不僅肉體要承受折磨，心靈上也是飽受極大的重創，在她今後的人生路途上不敢再相信友誼、相信真情了。

物質是生活的基礎，對物質的追求是理所當然的。但是，人一旦掉進貪婪陷阱，就如墜人萬丈深淵，萬劫不復。

以前，有一個國王，王妃為他生了一群白胖的王子。好不容易他最寵愛的妃子為他生了一位漂亮的公主。國王對小公主疼愛有加，視如掌上明珠，捨不得稍加訓斥。凡是公主要求的東西，國王從來都不會拒絕，就是她要天上的星星，國王也恨不得攀登天空，為公主摘下來，點綴她的綵衣。

公主在國王的呵護縱容下，慢慢成長為荳蔻年華的少女，漸漸懂得了裝扮自己。有一天，春雨初霽的午後，公主帶著婢女徜徉於宮中花園。只見樹枝上的花朵，經過雨水的潤澤，花苞上掛著幾滴雨珠，顯得愈發的嬌豔；蓊鬱的樹木，翠綠得逼人眼睛。公主正在欣賞雨後的景緻，忽然目光被荷花池中的奇觀吸引住了。原來池水的熱氣經過蒸發，正冒出一顆顆狀如琉璃、珍珠的水泡，渾圓晶瑩，閃耀奪目。公主看得入神忘我，突發奇想：「如果把這些水泡串成花環，戴在頭髮上，一定美麗極了！」

她打定主意，於是叫婢女把水泡撈上來，但是婢女的手剛一觸及水泡，水泡便破滅無影。折騰了半天，公主在池邊等得憤憤不悅，婢女在池裡撈得心急如焚。公主終於氣憤難忍，一怒之下，便跑回宮中，把國王拉到了池畔，對著一池閃閃發光的水泡說：「父王！您一向是最疼愛我的，我要什麼東西，您都依著我。現在女兒想要把池裡的水泡串成花環，戴在頭上。」

「傻孩子！水泡雖然好看，終究是虛幻不實的東西，怎麼可能做成花環呢？父王另外給你找些珍珠、水晶，一定比水泡還要美麗！」國王無限憐愛地看著女兒。

「不要！不要！我只要水泡花環，我不要什麼珍珠、水晶。如果您不給我，我就不想活了。」公主哭鬧著。束手無策的國王只好把朝中的大臣們集合於花園，憂心忡忡地說道：「諸位大臣們，你們號稱是本國的奇工巧匠，你們之中如果有人能夠以奇異的技藝，用池中的水泡，為公主編織美麗的花環，我便重重獎賞。」

「報告陛下！水泡剎那生滅，觸碰即破，怎麼能夠拿來做花環呢？」大臣們面面相覷，不知如何是好。

「哼！這麼簡單的事，你們都無法辦到，我平日如何善待你們？如果無法滿足我女兒的心願，你們通通提頭來見。」國王盛怒。

「國王請息怒，我有辦法替公主做成花環。只是老臣我老眼昏花，實在分不清楚水池中的水泡，哪一顆比較均勻圓滿，能否請公主親自挑選，交給我來編串。」一位鬢髮斑白的大臣神情篤定地打圓場。

公主聽了，興高采烈地拿起瓢子，彎下腰身，認真地舀取自己中意的水泡。本來光彩閃爍的水泡，經公主輕輕一觸碰，霎時破滅，變為泡影。撈了老半天，公主一顆水泡也拿不起來。顯然，公主的水泡花環夢想難以實現。

正因為公主生活無憂，物質富足，她才貪占那些虛無的東西。可以說，這是貪婪的極致。極致的貪婪矇蔽了公主的眼睛，使她是非難辨，幻想與現實不分，鬧出如此笑話。現代生活中的某些人是不是也有著公主的影子呢？過度地追逐，只能陷於痛苦的深淵。

然而，世人大都面對金錢愛不釋手，面對名利心難清靜。更有甚者，為虛無的目標而苦命追逐。然而由於目標不當，有時不僅不會帶來快樂，反而會成為煩惱的根源，且白費精力。

《佛說八大人覺經上》說：「眾生因愚痴，不知『世間無常，四大苦空，五陰無我』。每為滿足個人的欲望，不止貪愛自己的名譽、地位、財富，還貪求物質的佔有，貪圖美色的享受，以及貪婪滿足口腹之慾，而殺生食肉，多生多劫，欠下無量的錢債、色債和命債；所以要流落生死，累劫償還，求出無由。」物欲沒有止境，一不小心會斷送人的性命。輕一些的，也會讓人一生得不到快樂。

《佛說八大人覺經上》說：「生死疲勞，從貪慾起，少欲無為，身心自在。」一生只知道追逐名利而不知道享受的人，心最苦累。心無物欲，方寸之間皆海闊天空，永無煩惱。人應該以一顆平常心，不貪婪一切外物。平平安安、寧寧靜靜、清清白白地活著，珍惜自己的生命，尊重別人的生命，這就是美好的。

# 人走茶涼，世態炎涼

權力金錢是人品的試金石，當官時周圍擠滿了討好你的人，一旦沒了官職沒了金錢，這些人便如鳥獸散，人情似紙張張薄，人情又似茶水，第一泡濃得化不開，第二泡就有些淡了，待沖到三四泡的時候，就真的君子之交淡如水了。

「人走茶涼」是人生的常態，多少相遇，無論時間是否久長，轉身後即是相忘。「人走茶溫」是人生的境界，離開只是開始，熱度來源於彼此的欣賞。無論是常態還是境界，我們都要學會接受現實，學會快快地忘記，也學會深深地記起。

「人走茶涼」，這句話單從字意上說，就是倒了一杯招待客人的熱茶，客人走了，沒有喝的這杯熱茶時間久了也自然涼了。寓意為當你離開原來地方，你在那個地方的關係也就隨即淡化了。比喻世態炎涼，人情淡漠。

報載：曾經叱吒風雲的英國前首相柴契爾夫人(Margaret Hilda Thatcher)過生日時，只收到4張賀卡和幾件休閒服，離開唐寧街後，帳號還嚴重透支，晚景似乎過得很淒涼。一些受過英國教育的商界朋友談及此事，他們大都不以為然：再大的官退休了就是普通人，普通人過普通生活很正常，這才詮釋了英國平穩、順利發展的奧祕，沒什麼可大驚小怪的。

「人走茶涼」是社會庸俗關係學的一種表現。有些人的處世、辦事、做人原則便是為我所用，你在臺上有權，便緊靠熱乎，一旦下臺對他失去價值後，便笑臉不再。有首歌唱得好：結識新朋友不忘老朋友。革命軍人在幾年甚至幾十年軍旅生涯中結下的深厚戰友之情，是不會也不應該「人走茶涼」的；相反，曾經關係一般，甚至有過矛盾過節的戰友，久別重逢時亦會情真意切，忘卻宿怨。所以，革命隊伍中正常的上下級關係是超越權力、利益因素的，應該始終「茶熱」，不應「人在人情在，人走茶就涼」。

「人走茶涼」是一種客觀存在的社會現象。「人走茶涼」也是一面鏡子，它能照出一些人曾經的作為、品德和作風，也可照出群眾對領導幹部的評價高低和感情深淺。

有人之所以感嘆「人走茶涼」，是因為沒分清「工作茶」還是「生活茶」，硬把兩種「茶」摻到一塊「喝」，味道肯定好不了。所以這些人每逢此時不妨想想所泡的「茶」究竟屬於哪一種。如果是為了工作，公事公辦，倒茶者一般都會倒杯「熱茶」給你；如果為滿足私欲，為一己之利，倒茶者倒一杯「涼茶」也就不足為怪了。一些人常發「人走茶涼」的感嘆，其中有不少可能與個人過分的要求相關。這些人很有必要捫心自問，在辦事情、待人接物中，是否劃清了公與私的界線。

古人說：「世態炎涼，古今如此。」人情勢利，固然不好。但就「人走茶涼」而言，真是值得暗忖一下。人走了如果茶不涼的話，誰來向茶杯裡續水？每個走了的人都還要保留一杯茶，而且是杯熱茶，新來的茶客坐在哪裡？喝別人的茶喝慣了，久而久之就會上癮，一旦沒有熱茶喝就會無精打采，睡不著覺。遺憾的是天下沒有不散的筵席，是人總要離開那個座位，放下那只茶杯。人一走，茶就涼，實際是人一走，茶就沒了，連杯子都被收掉。如果人走了，茶還熱著，這不是浪費嗎？再說，如果每個人都照舊供奉一杯熱茶要去哪找那麼多的茶杯和座位？可見，想人走茶不涼是不現實也是不可能的。已經走了的人，又何必悶悶不樂，滿腹怨氣呢？

一個人如果無意去喝別人的茶，是不會有涼與熱的感覺的。一個領導幹部既然擔心離任後「人走茶涼」，那麼在任時就應當盡量別沾別人的「茶」，只喝自己的「茶」。也就是說，當自己在權力職位上的時候，別指望他人給自己什麼好處。那些常發「人走茶涼」之嘆的人，多屬習慣了飲他人「茶」的人。所以一生飲自己的「茶」的人也有一個好處，那就是「人走」之後，絕不會有「茶涼」的悲傷。

從人之常情來說，「人走茶涼」的確是卑鄙小人、忘恩負義之舉，是傳統美德的淪喪，是人情的荒漠。有道是：「人人有老時，莫嫌他人老。」俗話說，「長江後浪推前浪，前浪倒在沙灘上」。後浪的力量往往是前浪的無奈和傷痛。但話說回來，如果沒有後浪的推動又何來川流不息的滔滔長江？歷史要發展，社會要進步，新老更替是不依人們意志為轉移的，喝慣了熱茶，看慣了笑臉，聽慣了掌聲的人對茶水的溫度是十分敏感的。現實中茶水不可能總是熱的，人生再活五百年也是不可能的，都讓你活夠了，別人不用活？人走茶不可能總是熱的也不應該是熱的，「人走茶涼」是一種正常的現象。就社會的發展而言，「人走茶涼」是有益的，是社會的開明與進步，值得推崇。

當然，現實生活中，的確不乏那種唯利是圖的小人，當你在職在位有職有權的時候，他們鞍前馬後地奉上一杯杯「熱茶」給你，但這未必是什麼值得留戀的好事。現在你「人走」了，對他們用處不大了，他們不來送「茶」了，大可不必耿耿於懷。藉此遠離這些趨炎附勢之徒，回歸清淨正常的生活，這種「人走茶涼」，難道不是一樁好事嗎？

# 言語的力量

「是非只為多開口，煩惱皆因強出頭」也。

生活中，有許多酷愛瞎扯的人，這種人的確讓人討厭。比如某人捕風捉影聽到某少女不潔的謠言之後，不管事實真相如何就四處散布，這種行為無疑會帶給那無辜的少女沉重的壓力，如果該少女心理承受能力不是很強，就可能釀成一場悲劇。由此可見，傳播小道消息是極不負責任的行為。

閒談是改善人際關係、增進友情最好的方法之一，也是加強團結合作的途徑。與人閒談過程中，可能獲得許多知識。可是，生活中因為閒談而引起事端的也很多。這說明，閒談具有兩面性，既有好的一面也能產生負面影響。

所謂「病從口入，禍從口出」，其中的道理人人知曉。曾有人將舌頭比做一把鋒利的劍，殺人於無形，該比喻一點也不誇張。一句不負責任的話，很可能造成一場人間悲劇，有人認為這種說法是危言聳聽，不過事實確實如此。

千萬注意，別讓閒談壞了自己的形象，在閒談中盡量迴避他人忌諱的話題，用一顆愛心去體諒他人，要知道，任何人被擊中痛處，都會受到傷害。所以，在與人交談過程中，必須管好自己的嘴，不提及他人忌諱的話題。

許多人一旦被激怒，理智便消失殆盡，做出一些超出常人想像的事或說出一些人們無法接受的話，等到風平浪靜後，回頭看自己做過的事、說出的話，又不禁後悔萬分。所以，當你即將發怒時，首先要讓大腦控制好自己的行為，不管你做了什麼樣的事、說了什麼樣的話，只要這些行為不傷害他人就可以了。

做人，要學會與人為善，要自覺注意自己的行為舉止，考慮一下自己的言行會帶來哪些不必要的麻煩，試著從別人的角度來考慮問題。在很多時候，你需要保持沉默，多看些書，少說些閒話，因為「禍從口出」，而「沉默是金」。正如下面例子中，就是因為一些人的多嘴多舌，而險些破壞了朋友之間的友誼，甚至導致悲劇發生！

一群青年男女在一起閒聊，有位青年心血來潮要製造一個笑話，逗大家開心。他指著一個很胖的女孩說：「你可越來越『苗條』了，可惜我們還沒有相撲運動，不然，你一定是一號種子選手！」

他的話逗得大家哈哈大笑。可是這位女孩正為自己不斷發胖而苦惱，當眾撓她的

「禿」，豈能忍受？她翻臉說：「我胖怎麼了，沒吃你沒喝你，你操什麼心！你也不照鏡子看看自己，瘦得像根火柴！」

這時，笑聲沒有了，尋開心的引火燒身，自食其果。可見，拿別人的缺陷取樂是不明智的，容易使人反感，引起矛盾和衝突。

有一位學生有遺尿症，久治不癒，十分苦惱。有一次，一位尋開心者當眾人的面冒出一句：「你們說這小子累不累，天天晚上畫地圖，天天早上還得晒床單，為了什麼啊？你就不能憋著點？」

大家起鬨地大笑起來。那個患遺尿症的學生聽了，臉色一下變得煞白，撒腿就跑了。

這個尋開心的人把他的缺點和隱私當作笑料抖出來，使這個學生羞愧難當，當天就沒有回來，害得大家找了半天，才在湖邊找到他，原來他差點想不開要投湖自殺。

談論別人的短處取樂是一種低階庸俗有害無益的取樂方式。這種方式引來的笑聲是建立在別人的痛苦之上的，很容易鬧出事端來。由於你傷害了別人的自尊心，你將結下宿敵。同時，也有損於你的社交形象，人們會認為你是個刻薄饒舌的人，會對你反感、有戒心，因而對你敬而遠之。把談論別人的缺點當作樂趣，實在是一件損人而不利己的事。

金無足赤，人無完人，凡人皆有長處，亦有其短處。我們為什麼不能談論別人的長處，偏要以談論別人的短處來取樂呢？再說，宇宙之大，可談論的話題和可笑的題材取之不盡，用之不竭，天上的星河，地上的花草，眼前的建築，身後的山水，昨日的消息，今天的新聞，都是絕好的談話內容。我們何必一定要把別人的短處作為話題呢？以談論別人的缺點當作樂趣，是一種不道德的行為，我們必須克服和避免。

人的精力十分有限，但總是有人把精力用在猜測、議論、中傷別人身上。如果每個人都把有限的精力用在工作和事業上，該有多好！

可是越是無聊而又無知的人，越愛在閒談中誹謗別人。德國人將這種行為稱為「最無聊的閒談」，十分鄙視。文藝復興時期的畫家拉斐爾（Raffaello Sanzio da Urbino）說：「一個聰明的人，知道如何提出正確的問題並且仔細地聆聽，慎重地答覆。當無話可說時，就立刻閉上嘴巴，不再東拉西扯。」一位有名的文藝評論家曾說：「我隨時對自己所說的話負責，即使以死為證也在所不惜。」

言辭起衝突而萌生殺機的情況，我們也會經常見到。

法國巴黎有一名「美食專欄作家」，經常在文章中特別讚譽某家餐廳，或嚴詞批評某些餐廳的菜餚。有一次，此專欄作家在專欄中對一餐廳的菜色做出了「像豬食一樣」的評語，以致激怒了餐廳老闆。該老闆事後特別邀請此美食專欄作家去試吃「精緻美味的佳餚」，不料美食專家吃完後臉色大變，暈倒在地，送到醫院時氣絕死去。餐廳老闆被警方逮捕收押後，坦承「設毒宴」下毒，他說：「批評我們的美食像豬食的人都該死！」

這真是叫人瞠目結舌，「專欄作家」們下筆時可得小心點，這就像你說話一樣，若言辭過於尖酸刻薄，批評太過分，可能也會「惹禍上身」。

喜歡表達自己的見解是人的一種偏好。有水準與沒有水準的人，有知識與沒知識的人，見過世面與沒見過世面的人，都愛如此。發生了一件事情，我們喜歡議論，看了一部電影，我們喜歡評論，有什麼與我們利益相關的事，我們更是說得沒完沒了，如果有人請教我們，我們會當仁不讓地說三道四。有時我們偏執到不知安危得失，只管嘴巴快活，甚至因此為自己惹來殺身之禍。這種例子歷史上舉不勝舉。可是人們不管這些，一有說話的機會，或者一爭取到說話的機會，便又滔滔不絕，眉飛色舞地海聊起來。其實，忘情於口舌之欲，真的不是一件好事，很多聖賢都發現了這個道理，因此，他們緘默守聲，不輕易表達自己對外界事物及其他人的看法。

做人要做到該說的話留一點，不該說的不開口。因為，說出去的話，如潑出去的水，無法收回，既然說了，就要為自己說過的話負責。任何人也無法預測一句話會造成什麼樣的影響，說不定哪句不該說的話被你說出口後，會為你惹來不必要的麻煩。所以，在說話之前必須要經過深思熟慮。

管不好自己的嘴，就相當於在自己身上綁了一顆隨時都有可能爆炸的炸彈。

生活中，免不了有這樣一些人：心裡藏不住話，聽到什麼、看到什麼後，不管事情真相如何，就像小喇叭一樣四處傳播，這種行為正是愚蠢的表現。所謂「病從口入，禍從口出」，說的就是多嘴多舌導致的後果。

有人認為：「人長了一張嘴，如果不說不就浪費資源了嗎？」當然，人長了嘴巴不用確實可惜，但是說也要講究個分寸，大凡處事精明的人在說話時總會留一手，做到該說的說，不該說的寧可爛在肚子裡也不說。

說話一定得看場合，看時機，權衡一句話說出後的利弊。如果說話不看場合，不講究方式方法，也不考慮結果，往往會惹出禍端。尤其是處世尚淺的青年人，社會閱歷少，經驗不足，大有一種初生之犢不畏虎的架勢，不管場合，不論時機，口無遮攔，滔滔不絕，這明顯是不會做人的表現，長此下去，必定會吃虧。

日常生活中，因說話惹出風波的事情實在太多了。不負責任地背後瞎說，捕風捉影地四處亂傳，閒言碎語地添枝加葉，都給許多人造成痛苦和煩惱，有些還可能造成悲劇。

有位文學家曾這樣寫道：「害人的舌頭比魔鬼還要厲害，上帝意識到了這一點，用他那仁慈的心，特地在舌頭外面築起一排牙齒，兩片嘴唇，目的就是要讓人們講話透過大腦，深思熟慮後再說，避免出口傷人。」

多嘴多舌的人，也往往是那些愛出風頭的人。愛出風頭實際上是渴望引起注意渴望認同的表現，歸根結柢，也就是自卑的外化，所以說愛出風頭比不愛出風頭的人有能力，這句話，整體來說是錯誤的。事實上，許多不愛出風頭的人，實際上是對自己的認同已經達到了某種高度，是實現了自我的表現，即我不需要靠吸引別人的注意獲得別人的認同來滿足自己，這才是真正愛自己的展現，而愛出風頭與之相較，境界就差了很多。《易經》曰：「初九爻動，潛龍勿用。」意思是現在還不是你出風頭的時候，好好的打好自己的基礎以後再說吧。

# 以自我爲中心

做事以自己為中心，不懂得換位思考，沒有同理心，要知道這世界上除了父母，沒人看你臉色，也沒人讓著你，君子應令我就事，不應令事就我也。

在日常的生活當中，凡事人們往往都會站在自己的角度上思考，去看待或者對待一個人。人人都會考慮自己的利益得失這是無可厚非的，然而，許多人卻是不明白替別人著想，只會替自己著想。

能否「替別人著想」，經常展現在日常生活的細微之處。馬路上有一塊石頭，肯替別人著想，就會隨手將它拿到一邊，免得行人被絆倒，或汽車碰到時傷人。進出玻璃門，在推門之後，看看後面有無人跟進，如有，則擋一擋門，免得後來者被撞。坐電梯時，擋住門等等後上的人……這些都是舉手之勞的小事，但往往從這些小事，就能看出你是否肯替別人著想。

美國著名的舞蹈家鄧肯（Isadora Duncan）有一段話說得十分深刻：「一個被人稱為自私自利的人，並非只因為他尋找自己的利益，而在於他經常忽視別人的利益。」一個人人品的高下或者是否真正為別人著想，經常可以從一些不經意的小事看出。

明朝的呂坤把「肯替別人著想」視為「第一等學問」，是因為要真正做到這一點，不是懂得一些所謂為人處世的技巧竅門就能做到的。這是真品行，真性情，是任何技巧都代替不了的。有錢人會善心大發，捐一所大樓或一筆鉅款；政客會蹲下身子，去親吻一個貧窮的孩子。但他們是真正在「替別人著想」，還是在「表演」？明眼人是會看得出來的。

你可能覺得自己十分重要，但是別人對你卻漠不關心。要知道，他們都像你一樣，他們關心的只是自己利益的得失。

愚蠢的人常常會想方設法去尋找對方的錯誤，而聰明人則會站在對方的角度，努力去了解對方，理解他的行為，進而寬容諒解他。

無論做任何事，切忌只顧自己的利益。要知道為別人著想，其實最終惠及的還是自己。

漆黑的夜晚，一個遠行尋佛的苦行僧走到一個荒僻的村落中。漆黑的街道上，村民們在默默地行走。

苦行僧轉過一條巷道，他看見有一團昏黃的燈光正從巷道的深處靜靜地照過來。身旁的一位村民說：「瞎子過來了。」

苦行僧百思不得其解。一個雙目失明的盲人，他沒有白天和黑夜的概念，也看不到柳綠桃紅的世界萬物，他甚至不知道燈光是什麼樣子的，他挑一盞燈籠豈不令人覺得迷惘和可笑？

那燈籠漸漸近了，昏黃的燈光從深巷移到了僧人的鞋上。百思不得其解的僧人問：「敢問施主真的是一位盲者嗎？」那挑燈的盲人告訴他：「是的，從踏進這個世界開始，我就一直雙眼混沌。」僧人問：「既然你什麼都看不見，那你為何挑一盞燈籠呢？」盲者：「現在是黑夜吧？我聽說在黑夜裡沒有燈光的映照，那麼滿世界的人都和我一樣是盲人，所以我就點燃了一盞燈籠。」

「原來你是為別人照亮啊！」僧人若有所悟地說。

「我也是為自己！」那盲人卻說。

「為你自己？」僧人又愣了。

「你是否因為夜色漆黑而被其他行人碰撞過?」盲者緩緩問僧人道。

「是的，就在剛才，還被兩個人碰撞過。」僧人說。

盲人聽了說:「但我沒有。雖說我是盲人，但我挑了這盞燈籠，既為別人照亮，也更讓別人看到了我，這樣，他們就不會因為看不見而碰撞到我了。」

苦行僧聽了，頓有所悟。

其實，生活中很多事情都是這樣，當你為別人著想的時候，也是在為自己著想，就像盲人在為別人照亮前進之路的同時，也避免了因夜色漆黑而被他人碰撞。

一定要學會換位思考!如果你能經常對自己說這樣一句話:「如果我是他，我的感覺將會怎樣，我又會如何處理這件事?」那麼，你將會節省許多時間，免去很多煩惱!既然你對事情的起因已是如此的感興趣，那麼又何必討厭它所帶來的結果呢?這樣做的另外一個好處是:你將在人際交往中獲得長足的進步。

古德在他的《點石成金》一書中說:「停下一分鐘，將你對他人的冷漠與對自己的熱心做一個比較。你會發現:人和人是如此的相似!知道了這一點，你就可以和林肯、羅斯福（Franklin Delano Roosevelt）一樣，牢牢抓住了人際交往中唯一的原則。換句話說，想要在處理人際關係上游刃有餘，你需要站在他人的立場上去考慮問題。」

所以，我們可以得出這樣的一個結論：世界上只有一種方法能夠引起他人的注意，那就是多談論他們所需要的。如果你願意的話，可以同時告訴他如何做才能達到那個目標。

我們可以舉個簡單的例子。

目前，世界上的吸菸人口每年都會增加數百萬人。如果你知道自己的孩子也在背後嘗試吸菸的話，我想你現在一定如坐針氈了吧！你可能不止一次教訓他，可是他的反應如何呢？是不是覺得你太多事了？那麼，如何才能說服他去戒菸呢？

你不需要和他講什麼大道理，或者去責罰他，你只要告訴他：「你可以不再背著我吸菸！如果你非要吸菸，你將會失去加入籃球隊或者是贏得一百公尺競賽的機會。更可怕的是，你會失去朋友的支持，失去老師和父母的信賴，那時候你會很孤獨。」

這是值得記住的一點，透過這種方式，我們可以逐步消除和孩子之間的隔閡。事情就是這麼簡單，只要你從他們的利益得失角度去探討這個問題，他們往往會知錯就改。我們都喜歡聽名人逸事，看看下面這個小故事能否給我們一些啟迪。

有一次愛默生（Ralph Waldo Emerson）和他的兒子想要將草坪上的牛犢牽回牛棚。愛默生在後面推，他的兒子在前面拉，他們費了九牛二虎之力也只是將小牛從草坪的一側帶到另一側。眼看著自己精心呵護的草坪就要毀於一旦，他真是氣壞了。可是小牛呢？依然是那麼的悠閒自得，似乎這頓美味是上帝賜給牠的，牠怎麼捨得輕易罷手呢！

這時候，家裡的女傭出來看到他們兩個滑稽的表演，趕緊上前幫忙。顯然，這位女傭的生活經驗要更勝一籌。她輕輕地走到小牛的身旁，慢慢地將拇指放入小牛的口中。小牛不再掙扎了，牠放鬆地吮吸著這根指頭，就好像吸牛媽媽的乳頭。結果，小牛很容易地被牽出了草坪。

在這次事件中，愛默生父子急於求成。可是，他們並不了解小牛喜歡的是什麼，自然也就無法成功。而聰明的女僕對生活有著更深的感悟，她知道比起草，乳頭對小牛有著更強的吸引力，所以順利地解決了問題。

我們做每一件事情的時候，往往以自己的利益為出發點。這是一種自然現象，它展現了人類的本性。但是，現在我要告訴你如何從他人的角度看待問題，這能夠使你更有魅力，更能博得他人的青睞。

因此，我們更應該明白，在生活當中按照對方的觀點去想，從他人的立場去看事，這或許會成為影響你終生事業的一個關鍵因素。你為他們保全了面子。他們會覺得很好，而我也感覺到很好，因為我在處理這件事情的時候，考慮了他們的觀點。或許對方完全錯了，但他卻不以為然。而在這種情況下，你不要指責他人，因為這是愚人的做法。你應該了解他，而只有聰明、寬容的人，才會這樣去做。

對方為什麼會有這樣的想法和行為，其中一定有他的原因。探尋其中隱藏的原因，你就能得到了解他人行動或人格的鑰匙。想要找到這把鑰匙，你必須誠實地將自己放在他的位置上思考。這樣你就可以省去許多時間和煩惱，也可以增加許多處理人際關係的技巧。

# 出言不遜

舌頭是最鋒利的刀子，利刀割體痕易合，惡語傷人恨難消。有的人就是因為一句話沒說對，結果被人殺了自己還不知道為何而死。

古人云：「話到嘴邊留三分。」就是說，說話要留情面，幫自己留後路。但有些人在做人說話時，對別人說話太絕情，結果發現自己錯了後，想與對方和解，卻覺得難為情。

一切眾生，禍從口出。惡語傷人，猶如矛刺心。若能話到口邊留半句，則可少惹是非。

格言說：「刀瘡易好，惡語難消。」、「良言勸善人心暖，惡語傷人有報應。」如果人在話語上沒有過失，他就是完全人。語言可以安慰人，也可以引發爭端。人與人的交往中，回答柔和可以使怒消退；言語暴戾容易招致災禍。

王麗萍是個自尊心很強的女孩，但她卻「很倒楣的」跟幾個「沒教養的」人做了同事。這些人舉止隨便，嘻嘻哈哈，王麗萍很看不慣她們。因此，王麗萍從不給她們面子，對她們說話也毫不留情。

有一次，天正下著雨，一個女同事想出去辦點事，忘記與王麗萍打招呼，拎起王麗萍的傘就走。

王麗萍心想：「怎麼招呼也不打就拿人家的東西？太欺負人了！」

她勉強沉住氣，叫住了那個女同事說：「你好像拿錯了傘吧？」

那個女同事卻大大咧咧地回答說：「我忘了帶傘，只好借你的用一下。你的傘這麼漂亮，借用一下心情也爽啊！用美女的傘，我感覺到自己也是美女……」

「別跟我套近乎。你好像沒跟我說『借』字……」王麗萍惱著臉說。

那個女同事沒有太在乎她的表情變化，繼續大大咧咧地說：「哎喲，還用得著說『借』字嗎？我的東西還不是誰愛用就用？不就是用一下傘嗎？」

王麗萍冷冷地說：「用我的東西就得說『借』，我不同意，誰也不准拿！世上有像你這樣借的嗎？明明是偷拿，還冠冕堂皇地說借。偷慣了吧！」

那個女同事的臉有些掛不住，放下傘便走了。從此以後，王麗萍的處境發生了很大的改變，她們都不願意理她。

後來，王麗萍也覺得自己說話過分，想與她們和好，但是又總覺得難為情。最後，她只好辭去工作。

在沒有打招呼的情況下，同事拿走了王麗萍的傘。王麗萍提醒一下也是人之常情。但是，王麗萍說話太絕情，沒有留任何餘地，以致她雖然「出了一口氣」，卻搞僵了與同事們的關係，導致她事後意識到自己錯誤後，也不好意思主動去與同事和好，而不與同事和好，她處在人際關係緊張的環境下，又難以過得快樂，又難以成就自己的事業。在兩難的情況下，王麗萍只好選擇辭職，帶著做人的失敗另外尋找發展機會去了。試想，如果王麗萍說話留三分，留有餘地，事後想與同事和好也不會難為情，也會有臺階可下了。

在做人時，要想不將自己陷入兩難境地，就需要避免犯類似王麗萍犯的錯誤。說話要給他人留情面、給自己留後路。因為說出的話如潑出的水，說話不給他人留情面、太絕情，以後即使發現自己錯了，想反悔也沒有臺階可下，就會出於情面原因不得不與對方敵對下去。因為有時說話是難免帶有一定情緒的，難免有考慮欠周詳的地方，說話太絕情能解一時之氣，但是事後卻沒有和解的餘地：和好就意味著自己認錯，自己面子上過意不去；不和解，又只好繼續仇視下去，以致自己的敵人越來越多，不利於自己成就事業。此時，就會因自己一時說話太絕，致使自己進退兩難。

惡言相向的人，通常會引起禍端，因為一般人往往因為別人的惡言而懷恨在心，並激起對方強烈的反彈情緒。惡言包括詛咒、恥笑、辱罵、攻訐、中傷，所以盡量不要用惡言來傷害別人，因為自己將來會成為被別人傷害的對象。所以語言的運用，必須多做保留，以免別人利用你的話語，作為攻擊的目標。

有人因言而招禍，有人因言而成就，有人舌粲蓮花，有人口出惡言。贈人以善言，重如珠玉；傷人以惡言，甚於劍戟。就如下面的囚犯一般，一個獄警的惡語讓其越獄，而一個女孩子真誠的信任，又讓他找到了良知！

有一個刑期中的囚犯，在服勞役修路時，撿到 1,000 塊，他立即把錢交給監管警察。意想不到的是，對方卻滿臉鄙夷地對他說：「拿自己的錢變著花樣來討好，企圖減刑，你別來這一套！」囚犯心灰意冷，心想這世上沒人相信自己了。晚上，他越獄了。

在逃獄途中，他大肆搶劫，並搭上開往邊境的火車。火車太擠，他只得站在廁所門口。這時，有一位女孩如廁，關門時發現門扣壞了，她很有禮貌地對他說：「先生，你能為我守門嗎？」他一愣，看到女孩那純潔無邪的臉，他莊重地點了點頭。他像一位忠誠的衛士，把守著門。就因為女孩的這句話，他突然改變了主意。在下一站，他下車到派出所投案自首。

一句粗暴的話語，差點讓一顆良知尚存的心靈徹底毀滅；而一句充滿信任的話語，又使一個正在沉淪的靈魂得到拯救。身為文明社會的文明人，我們應善於放良言，力戒惡語，因為有時候，確是一句話影響了人的一生啊！

正所謂「良言一句三冬暖，惡語傷人六月寒」，每個人都喜歡受到別人的讚美，沒有人喜歡別人來指責自己。即使是相濡以沫的朋友，即使是一舉簡單的讚美致辭，也可以使人振奮和鼓舞，使人得到自信和不斷進取的力量。

出口說話，切忌揭人之短。俗語說得好：打人不打臉，揭人不揭短。要想與他人友好相處，就要盡量體諒他人，維護他人的自尊，避開語言的「雷區」，千萬不要揭人之短，戳人之痛。

明太祖朱元璋出身貧寒，做了皇帝後自然少不了有昔日的窮兄弟到京城找他。這些人滿以為朱元璋會念在昔日共同受罪的情分上，封個一官半職給他們，誰知朱元璋最忌諱別人揭他的老底，以為那樣會有損自己的威信，因此對來訪者大都拒而不見。

有位朱元璋兒時一塊光屁股長大的好友，千里迢迢從老家鳳陽趕到南京，幾經周折總算進了皇宮。一見面，這位老兄便當著文武百官大嚷大叫起來：「哎呀，朱老四，你當了皇帝可真威風呀！還認得我嗎？當年我們兩個可是一塊光著屁股玩耍，你做了壞事總是讓我替你挨打。記得有一次我們兩個一塊偷豆子吃，背著大人用破瓦罐煮，豆還沒煮熟你就先搶起來，結果把瓦罐都打爛了，豆子撒了一地。你吃得太急，豆子卡在喉嚨還是我幫你弄出來的。怎麼，不記得啦！」

這位老兄在那喋喋不休嘮叨個沒完，寶座上的朱元璋再也坐不住了，心想此人太不知趣，居然當著文武百官的面揭我的短處，讓我這個當皇帝的臉往哪放。盛怒之下，朱元璋下令把這個窮兄弟殺了。

這就是揭人之短、戳人之痛的下場。

俗話說：「量體裁衣。」日常說話，要根據各種人的地位、身分、文化程度、語言習慣來做不同的處理，把握好分寸，留有餘地。讚揚不要過分，謙虛也應適當。一些人常常將剛演了齣好戲的青年演員稱為「崛起的新星」；剛發表了一首小詩便謂之「著名詩人」，這種讚揚有些是經不起時間的考驗的，但水已潑出，誰又會來草草收場呢？同樣，謙虛也該實事求是。

科學史上有過這樣一件事：一個年輕人想到大發明家愛迪生的實驗室裡工作，愛迪生接見了他。這個年輕人為表示自己的雄心壯志，說：「我一定會發明出一種萬能溶液，它可以溶解一切物品。」愛迪生便問他：「那麼你想用什麼器皿來放這種萬能溶液呢？它不是可以溶解一切嗎？」

年輕人正是把話說絕了，陷入了自相矛盾的境地。如果把「一切」換為「大部分」，愛迪生便不會反問他了。

即使詞用對了，修飾程度不同，說起來分寸就不一樣。如「好」一詞，可以修飾為「很好」、「非常好」、「最好」、「不好」、「很不好」等，這些比較級的使用要慎重。如果你沒聽天氣預報，即使聽了，明天還沒到，便不可以說：「明天一定會下雨。」

一個人的文章寫得一般，客氣地說也只能是「還好」，怎麼能說「非常好」呢？有一句廣告詞：沒有最好，只有更好。說話也是如此，切忌把話說虛說過，說話一定要把握好分寸、講究尺度。

在做人時，要想避免犯「說話太絕情」的錯誤，需要注意以下幾點：

1 無論與他人發生任何衝突，說話都需要留三分，給自己、給對方留臺階下。因為，冤家宜解不宜結。雖然一時有誤會、有衝突、有利益之爭，但是日後終究要和解的，還有打交道的機會。

2 給他人面子就是給自己面子。在做人時，每個人都希望別人給自己面子。但是，不給別人面子，別人又怎麼會給你面子呢？因此，在與他人出現衝突、誤會時，適當地給對方面子，給對方臺階下，對方也可能會因此給你面子。這樣，此後和好就不會傷及到雙方的面子。

3 得饒人處且饒人。在與人發生衝突時，不是死仇就沒有必要「窮追猛打」，就應該得到饒人處且饒人。這樣，今後和好的機會就會多得多。樹立死敵，只會對自己將來不利。

做人留一線，日後好相見

虧人是禍，饒人是福也！在人際交往中，得理不饒人是很普遍的。有些人一旦覺得自己有道理，就會揪住別人的缺點，窮追猛打，非逼對方豎起白旗不可。

俗話說，得饒人處且饒人。在生活中，有些人卻抓住了理由就不放手，非要讓理虧者滿足他們的無理要求為止。結果，他們的行為往往迫使對方想辦法去報復他，讓他遭受到更大的損失。要知道今日的朋友或許成為明天的敵人，而今天的對手也許會成為明天的朋友。因而在為人處世時就要能饒人處且饒人，有理也要讓三分，不要把對手趕盡殺絕，否則對雙方都沒有好處。

《增廣賢文》是民間流傳甚廣的一本關於做人的小冊子，裡面收集了許多久經驗證的富有哲理的民諺俗語，其中的一條就是：「饒人不是痴漢，痴漢不會饒人。」也有把這句話說成：「有理也要讓三分，得饒人處且饒人。」這條哲理告訴人們，凡事都應適可而止，給自己留下一條後路。

現實生活中，許多人說話、做事都喜歡趕盡殺絕，不給別人留餘地，以此來顯示自己的「本事」。如此一來，原本和諧的場面，搞得烏煙瘴氣，使對方陷入尷尬中。其實，要想應付這樣的人，就要讓他親自感受一下陷入尷尬局面的滋味。一旦他體會到其中的辛酸，再遇事時，也就能站在對方的立場上，替別人考慮了。

「人活一口氣，佛爭一炷香」，這是一個人在被人排擠，或者被人欺侮時，經常說的一句急欲「爭氣」的話。其實也未必如此，試想一下，一個人究竟能有多大的氣量？人生不過百年，就像清朝人張英說的那樣，「萬里長城今猶在，不見當年秦始皇」。不如「得饒人處且饒人，讓他三尺又何妨」。這方面，不管是古人還是今人，都有許多值得我們學習的地方。

春秋時期，齊國的孟嘗君有一個門下食客，名叫馮諼，很懂得深謀遠慮。一天，孟嘗君命他到自己的封地薛去收稅款。馮諼出發之前問孟嘗君：「收了稅款以後要買些什麼東西回來呢？」孟嘗君說：「看看家裡缺什麼，隨便買一點回來就行。」

馮諼到了薛地以後，要交得起稅款的人就交，交不起稅款的人就當場免了他的稅，借據也當場燒掉。老百姓很高興，齊呼「孟嘗君萬歲」，發誓以後一定要好好效忠孟嘗君。馮諼回來以後，把事情的經過向孟嘗君如實稟報，並告訴孟嘗君他收回來的是老百姓的心，比稅款要高貴得多，希望孟嘗君不要生氣。孟嘗君儘管很氣憤，可木已成舟，也只好作罷。

一年以後，孟嘗君被齊王罷免了職務，滿懷失意地回到薛地。令孟嘗君驚訝又感動的是，薛地的老百姓竟然夾道歡迎他回來，這使孟嘗君受傷的心靈得到了撫慰。他終於明白了當初馮諼的舉動是多麼充滿智慧。於是，他把馮諼叫到跟前，想好好讚揚他一番。

馮諼說：「公子不要高興得太早。現在，薛地已經成了你的根據地，但這遠遠不夠。俗語說『狡兔三窟』才能保全性命。公子現在只有一個巢穴，應該盡快挖掘出另外兩個才是上策。」

據說，狡猾的兔子總備有三個洞窩。如果一個洞發生危險，就棲身到另外的洞裡去，因此活得時間較長。馮諼意在勸孟嘗君做事時多準備幾種方案，以防不測。孟嘗君深感馮諼說得有理，就派他去辦這件事。

於是，馮諼去晉見魏惠王，在魏惠王面前把孟嘗君大肆吹噓了一番說：「如此傑出的人物，如果哪個國家能聘任他，一定能夠馬上繁榮起來。」魏惠王相信了馮諼的話，決定任命孟嘗君做大將軍。齊王聽到消息後，覺得不能讓自己國家的人才落到別人手裡，立刻派使者把孟嘗君請回來，任命他做宰相。

馮諼又勸孟嘗君：「現在請齊王把他祖先的宗廟建到薛地。」宗廟建好之後，馮諼高興地對孟嘗君說：「公子現在擁有齊、魏、薛三個根據地，可以高枕無憂了。」後來，孟嘗君果然一生都過著安定的生活。

生活中有很多事情我們根本無法預料它們的發展勢態，因此切不可輕易地妄下斷言，不留餘地，不給自己一點迴旋的機會。

我們在做事時講求留有餘地，這樣才不會把事情做絕；做人時講求留有餘地，這樣才不會讓自己下不了臺。因此，凡事留有餘地不失為做人的萬全之策，也符合做人的規律。

如果你的能力、財力等各個方面都要強於對方，換句話說，也就是你完全有能力收拾對方，這時，你更應該偃旗息鼓、適可而止。因為，以強欺弱，並不是光彩的行為，即使你把對方趕盡殺絕了，在別人眼中你也不是個勝利者，而是一個無情無義之徒。

如果你根本沒有贏對方的把握，還一意孤行想把對方趕盡殺絕，無形中就相當於拿雞蛋往石頭上碰，反而使自己受傷害。

實際上，人都有個共同的毛病，即沒理的時候爭理，有理的時候又不讓人。其實這大可不必，因為與你爭鋒較勁的人都不是傻子。俗話說，你敬人一尺，人敬你一丈。你能在有理之時放人一馬，相信日後的某一天他一定會放你一馬。反過來說，即使你遇上的是個小人，面對你的忍讓，他又怎麼能一而再、再而三地爭鬥下去呢？

有一個大家庭，因為小媳婦心靈手巧、才智過人、賢惠溫順而頗得公婆寵愛。對此，大媳婦、二媳婦嫉恨小媳婦。小媳婦把飯做好後，又去門前的池塘邊洗衣服。這時，大媳婦、二媳婦使出一惡計，往灶膛裡添了一大把柴禾，欲使鍋中的飯焦糊竄煙，讓一貫心靈手巧的小媳婦在家人面前丟人現眼，陷入尷尬之境。不一會，小媳婦洗完衣服回屋，突然聞到鍋中米飯焦糊的氣味。一看灶內，木柴還在燃燒。生性聰慧的小媳婦已猜出其中原因，她靈機一動，遂把略呈焦糊狀的米飯熬成了稀飯，還做了一些大餅。待眾多家人在一起用餐時，她說：「這兩天天氣較熱，大家總吃米飯胃口一定不太好，所以我熬了些鍋巴稀飯，做了些大餅，幫大家調調胃口！」這一言一行，即刻博得了家人的稱讚。此舉既討好了眾多家人，又暗中讓大媳婦、二媳婦下了臺階，可謂一舉兩得，使得一貫嫉妒並有心加害她的大媳婦、二媳女不得不敬佩。此後，她們兩個對小媳婦善意相待，而聰慧的小媳婦則不計前嫌，對兩位嫂子加倍尊敬。就這樣，妯娌之間的關係從「風雨欲來」的險境步入了和睦相處的勝境。

寬容和忍讓是制止報復的良方，你經常帶上這個「護身符」，保你一生平安。因為善於寬容和忍讓的人，不會被世上不平之事所擺弄，即使受了他人的傷害，也絕不冤冤相報。

《寓圃雜記》中記述了楊翥的兩件小事。楊的鄰人丟失了一隻雞，指罵被姓楊的偷去了。家人告知楊翥，楊說：「又不只我一家姓楊，隨他罵去。」又一鄰居，每遇下雨天，便將自家院中的積水排放進楊翥家中，使楊家深受髒汙潮溼之苦。家人告知楊翥，他卻勸解家人：「總是晴天乾燥的時日多，落雨的日子少。」

久而久之，鄰居們被楊翥的忍讓所感動。有一年，一群賊人密謀欲搶楊家的財寶，鄰人們得知後，主動組織起來幫楊家守夜防賊，使楊家免去了這場災禍。

古時候有個叫陳囂的人，與一個叫紀伯的人做鄰居。有一天夜裡，紀伯偷偷地把陳囂家的籬笆拔起來，往後挪了挪。這事被陳囂發現後，心想，你不就是想擴大點地盤嗎，我滿足你。他等紀伯走後，又把籬笆往後挪了一丈。天亮後，紀伯發現自家的地又寬出了許多，知道是陳囂在讓他，他心中很慚愧，主動找上陳家，把多侵占的地通通還給了陳家。

忍讓和寬容說起來簡單，可做起來並不容易。因為任何忍讓和寬容都是要付出代價的，甚至是痛苦的代價。人的一生誰都會碰到個人的利益受到他人有意或無意的侵害。為了培養和鍛鍊良好的心理素養，你要勇於接受忍讓和寬容的考驗，即使感情無法控制時，也要緊閉住自己的嘴巴，管住自己的大腦，忍一忍，就能抵禦急躁和魯莽，控制衝動的行為。如果能像陳囂、楊翥那樣再尋找出一條平衡自己心理的理由，說服自己，那就能把忍讓的痛苦化解，產生出寬容和大度來。

宋代大文豪蘇東坡年輕的時候就結識了王安石，後來王安石做了宰相，執掌大權。因為在改革的事情上意見不統一，於是王安石就把持反對意見的蘇東坡發配到嶺南，又貶至海南。後來，蘇東坡遇赦北歸，而王安石卻垮台被放逐到嶺南的雷州半島。蘇東坡聽到這個消息，寫了封信給王安石，說他聽到這個消息很驚嘆，這麼大年紀還得浪跡天涯，心情可想而知，好在雷州一帶雖偏遠，但無瘴氣。還安慰王安石的老母親，並對王安石的兒子說過去的事就別提了，多想想將來等等。蘇東坡如此大度，王安石自是羞愧不已，一家人都對蘇東坡感激不盡。蘇東坡能夠對一個幾乎將自己置於死地的人，在其落難時不僅不落井下石，還能盡朋友之責，這種度量確實是罕見的。

哲人說，寬容和忍讓的痛苦，可以換來甜蜜的幸福。一個人經歷一次忍讓，會獲得一次人生的亮麗，經歷一次寬容會開啟一道愛的大門。當你不為別人留一點活路的時候，任何人都會進行頑強的反抗，這樣雙方都不會有什麼好結果。因此。做人永遠要記住「有理也要讓三分，得饒人處且饒人」這一古訓。

# 疑神疑鬼

別人一句無心的話，總覺得是針對自己，別人做一件事，也感覺是在為難自己，總覺得別人要坑害自己，可見器量太小，做一切事當以「別人都是無心的」為出發點，即便對方真的是有意為難你，也會在你的寬容中灰飛煙滅。

多疑的人心胸狹窄，固執己見，動不動就捕風捉影地胡亂猜疑別人，懷疑了許多本不該懷疑的人和事，也相信了許多本不該相信的人和事。

美國紐澤西州有一對雙胞胎兄弟，他們親密無間地共同經營著一家商店。有一天，哥哥將一塊美元放進收銀機後，與顧客外出辦事。當他回到店裡時，他發現收銀機裡的美元不見了。

他問弟弟：「你有沒有看見收銀機裡的錢？」

弟弟回答：「沒有。」

哥哥說：「錢不會自己跑掉，你一定看見了。」語氣中帶著強烈的質疑意味。手足之情開始出現了嚴重的隔閡。

開始雙方不願意說話，後來決定不在一起生活，在商店中砌起了一堵牆，從此分居而立。

20年後的一天，有位穿著體面的紳士走進店問哥哥：「你在這家店工作多久了？」哥哥回答說他一輩子都在這家店服務。

這位客人說：「我必須告訴你一件事情：20年前，我還是一個不務正業的流浪漢，一天流浪到你的店裡，肚子已經好幾天沒有進食了，我偷偷從你家店的後門溜進來，並且將收銀機裡面的一美元取走了。雖然時過境遷，但對於這件事，我一直無法忘懷。一塊錢雖然是個小數目，但我必須回到這裡來請求你的原諒。」

當說完原委後，這位客人驚奇地發現店主已經熱淚盈眶，他用語帶哽咽的語調請求他：「能不能到隔壁商店將故事再說一遍。」當這位客人到隔壁說完故事以後，他驚愕地看到兩位面貌相像的中年男子，在商店門口痛哭失聲、相擁而泣。

其實，沒有一個人是無法理解的，沒有一件事是無法理解的，你如果懷疑某個人、某件事，最簡單的辦法是面對面地溝通。相信自己、相信別人、相信這個世界。這樣你才能擁有輕鬆快樂的心情、和諧完美的人生。

做事的時候，對某些事情有疑慮是必要的。這樣可以促使更多的思考，可以透過現象看本質，從而更接近真理。但是，有些人卻過分多疑多慮，導致原本很簡單的事情在他們眼裡變得複雜，從而自找痛苦和麻煩。

對於做人來說，多疑多慮是一把雙面刃。在學習和研究時，貴在多疑多慮，因為多疑多疑可以發現問題，可以從更深層次去認識某個問題，發掘其內涵；而在做人時，忌在多疑多慮，因為多疑多慮，容易導致相互猜忌，製造彼此的心理距離，甚至使人因為誤會造成隔閡，以致做出錯誤的事情。而在做人時，許多錯誤的決定，都是因為他們做人多疑多慮才做出的。

羅貫中在《三國演義》中有這樣一段描寫：曹操刺殺董卓敗露後，與陳宮一起逃至呂伯奢家。曹呂兩家是世交。呂伯奢一見曹操到來，本想殺一頭豬款待他，可是曹操因聽到磨刀之聲，又聽說要「縛而殺之」，便大起疑心，以為是要殺自己，於是不問青紅皂白，拔劍誤殺無辜。

這是一出由猜疑心理導致的悲劇。猜疑是人性的弱點之一，歷來是害人害己的禍根，是卑鄙靈魂的夥伴。一個人一旦掉進猜疑的陷阱，必定處處神經過敏，事事捕風捉影，對他人失去信任，對自己也同樣心生疑竇，損害正常的人際關係，影響個人的身心健康。

因此，在人際交往中優化個人的心理品格。也就是說要加強個人道德情操和心理品格的修養，淨化心靈，提高精神境界，拓寬胸懷，以此來加大對別人的信任度和排除不良心理的干擾。

猜疑一般總是從某一假想目標開始，最後又回到假想目標。只有擺脫錯誤思維方法的束縛，擴充思路，走出「先入為主」、「按圖索驥」的死胡同，才能使猜疑之心在得不到自我證實和無法自圓其說的情況下自行消失。猜疑往往是心靈閉鎖者人為設定的心理屏障。只有敞開心扉，將心靈深處的猜測和疑慮公之於眾，或者面對面地與被猜疑者推心置腹地交談，讓深藏在心底的疑慮來個「曝光」，增加心靈的透明度，才能求得彼此之間的了解溝通、增加相互信任、消除隔閡、排釋誤會。

猜疑之火往往在「長舌人」的煽動下，才越燒越旺，以致使人失去理智、釀成悲劇。因此，當人們聽到「長舌人」傳播流言時，千萬要冷靜，謹防受騙上當，必要時還可以當面予以揭露。當我們開始猜疑某個人時，最好能先綜合分析他平時的為人、經歷以及與自己多年共事交往的表現，這樣有助於將錯誤的猜疑消滅在萌芽狀態。

在做人時，要避免犯「多疑多慮」的錯誤，要與人坦誠相待。坦誠相待是消除相互問疑慮的重要方法。大家都坦誠想見，就會減少不少不必要的疑慮，就可以減少多疑多慮發生的機會和頻率。要多與他人交流溝通。溝通是消除一切誤會的最佳方法。而多疑多慮又往往多是對他人不了解，內心產生了對他人的某些誤會而產生的。經常與他人溝通，就可以清楚地了解他人的為人，從而減少一些不必要的疑慮。

做人應以寬闊的胸襟對待他人。在做人時，與人交往時要多往好的方面想，少往不好的方面想，要相信他人的人品，相信自己的決定，不要多疑多慮。要相互信任，因為很多情況下，多疑多慮是因為相互之間缺乏信任造成的。在做人時，要想不犯多疑多慮的錯誤，樹立自己良好的信譽，考查對方的信譽，建立相互信任的關係就可以減少很多不必要的疑慮。

因此，無論在做事還是在為人交際上要明白，多疑多慮是存在誤會、做出錯誤決定的誘因。

# 對他人成功的嫉妒與羨慕

有些人如果發現別人比自己好，總是會感覺心裡難受，於是會做出或者是說一些讓別人難堪尷尬的事情和話語。事實上，拿自己和別人去比較，那是沒有意義的事情。要知道，見不得別人好的人，自己也永遠好不了。

在生活當中許多人往往見不得別人比自己好，往往對此人懷著嫉妒之心。嫉妒別人，不會為自己增加任何的好處，也不可能減少別人的成就。嫉妒是心中的一把烈火。一旦點燃就會將整個人的理智都吞滅了，滋生毀滅破壞的惡力。

佛說：人生最大的財富是健康，人生最可憐的是嫉妒，人生最大的敵人是自己，人生最大的幸福是放得下。然而，嫉妒是普遍存在的，嫉妒是邪念心魔。

戰國時期，孫臏和龐涓都拜世外奇人鬼谷子先生為師一起學習兵法。同學期間，兩人情誼甚厚，並結拜為兄弟，孫臏稍年長為兄，龐涓為弟。

有一年，當聽到魏國國君以優厚待遇招求天下賢才到魏國做將相時。龐涓再也耐不住深山學藝的艱苦與寂寞，於是下山謀求富貴；孫臏則覺得自己學業尚未精熟，還想進一步深造。

於是，龐涓一個人到了魏國，並受到魏王的賞識。這期間，孫臏卻仍在山中跟隨先生學習，他原來就比龐涓學得扎實，加上先生見他為人誠摯正派。又把祕不傳人的孫子兵法十三篇細細地讓他學習、領會，因此，孫臏此刻的才能更遠遠超過龐涓了。

有一天，從山下來了魏國大臣，禮節周全，禮物豐厚，代表魏王迎取孫臏下山。孫臏受到老師鼓勵，於是秉承師命，隨魏國使臣下山。

孫臏到了魏國，先去看望龐涓，並住在他府裡。龐涓表面表示歡迎，但心裡很是不安、不快，唯恐孫臏搶奪他一人獨尊獨霸的位置。龐涓在得知從自己下山後，孫臏在先生教誨下學問才能更高於從前，更是十分嫉妒。同時，由於魏王十分器重孫臏，使龐涓產生了危機感，於是他下定決心一定要除掉孫臏，他仿照孫臏筆跡寫了一封思念家鄉、急於離開魏國的家書呈給魏王以栽贓孫臏，魏王大怒，孫臏被處以刖刑。龐涓假意收留了孫臏令其感激涕零，實際上只是在監禁孫臏。孫臏在得知真相後，開始裝瘋，將已抄錄給龐涓的兵法全部燒毀。而在試探後沒有發現破綻，暗中監視孫臏的龐涓因此信以為真。後來，當初了解孫臏的才能與智謀、向魏王推薦孫臏的墨子墨翟將孫臏的境遇告訴了齊國大將田忌，又講述了孫臏的傑出才能，田忌把情況報告了齊威王，齊威王要他無論用什麼方法，也要把孫臏救出來，為齊國效力。於是，田忌派人到魏國，趁龐涓的疏忽，在一個夜晚，先用一人扮作瘋了的孫臏把真孫臏換出來，脫離龐涓的監視，然後快馬加鞭迅速載著孫臏逃出了魏國。

此後，龐涓更視孫臏為眼中釘，無時無刻不想置孫臏於死地。最終，在馬陵道之戰中中了孫臏的埋伏。萬箭之下，龐涓無路可逃，自殺身亡。

英國著名的唯物主義哲學家和科學家培根曾說：「嫉妒這惡魔總是在暗暗地、悄悄地『毀掉人間的好東西』。」嫉妒是心靈的枷鎖，會將一個人牢牢攔住，不但得不到任何好處，反而讓自己跌進痛苦的世界中走不出來。正如巴爾札克（Honoré de Balzac）所說：「嫉妒者受到的痛苦比任何人遭受的痛苦更大，他自己的不幸和別人的幸福都使他痛苦萬分。嫉妒心強的人，往往以恨人開始，以害己而告終。」

現實生活中，有很多人同龐涓一樣「妒人之能，幸人之失」。嫉妒，其實是一些人心態不平衡的表現。有嫉妒之心者，也往往自高自大，從而看不起別人，置別人的成績於不顧，貶他人的才幹如草芥。而當別人取得一些成績時，他的心態便會失去平衡，總會千方百計地對那些優於自己者製造出種種麻煩和障礙：或打小報告，無中生有，唯恐天下不亂；或做擴音器，把一件小小的事情鬧得滿城風雨。嫉妒心重的人往往會失去朋友，還會引起人際關係緊張，對自己的事業發展和生活安定百害而無一利。

嫉妒是一種病，患嫉妒病的人，一生都不得安寧。他們今天害怕某人超過自己，明天又擔心某人走在他前頭，終日生活在一種可憐的病態之中；相反，歷史上真正功成名就的人，都以嫉妒為恥。

歐陽修是北宋文壇領袖，他當年提拔後生蘇東坡，有人便對歐陽修說：「蘇東坡才情極富，若公提拔此人，只怕十年之後，天下人只知蘇東坡而不知歐陽修。」但歐陽修一笑了之，依舊提拔蘇東坡。後人更加崇敬歐陽修。蘇東坡脫穎而出後，更是感恩在心，他為歐陽修寫的悼文，名動千古。

有句話說得好：善事易為，惡事難成。當別人強於自己時，就使用卑鄙的手段來攻擊別人，這不是君子所為。不嫉妒別人，沒有奢求的心理，這才是一個光明正大的人。

春秋時期，鄭莊公約定齊、魯二國，一同攻打許國，出征之前，先在國中行告天之禮，並且特製了一幅方一丈二尺，竿長三丈三尺的大旗，置於鐵車上，並命令有能舉大旗行走者，作為前鋒，並賜以戰車。大夫瑕叔盈首先舉起這面大旗，接著潁考叔奮力將大旗拔起，揮舞起來，周圍觀看的人無不驚服。

鄭莊公就把車賜給了潁考叔，不料子都覺得也能舞旗，堅決要與潁考叔爭奪，兩個人互不相讓，甚至拔劍相向，要用武力解決。幸虧鄭莊公從中進行了調停，三人都得了賞賜的戰車才算完事。

到了七月，鄭莊公舉兵討伐許城，攻打了兩天都沒有攻下來。到了第三天，潁考叔奮勇舉起大旗，率先躍上城牆。子都嫉妒潁考叔的功勞，在後面發箭射死了潁考叔，結果鄭軍幾乎大敗。瑕叔盈憤怒之極，接著也舉起大旗登上了城樓，眾軍望見大旗，個個奮勇爭先，攻下許國的國都。

鄭莊公班師回國後，重賞了瑕叔盈，並十分懷念潁考叔，深恨暗中傷害潁考叔的人，卻不知道究竟是何人暗中傷害了潁考叔。於是就派隨征的各個將士宰雞犬豬羊，召巫師為文，唸咒語來詛咒這個暗害潁考叔的人。受到詛咒的子都，蓬頭垢面來到鄭莊公面前，跪地哭訴事情的經過，說完即以手自扼其喉而死。

嫉妒別人，不會為自己增加任何的好處，也不可能減少別人的成就。嫉妒是心中的一把烈火，一旦點燃就會將整個人的理智都吞滅了，滋生毀滅破壞的惡力。整日想要謀害別人的人，損人利己，不僅不能夠如願，有時還會搬起石頭砸了自己的腳，喪失人格，在自己的人生路上留下不可彌補的遺憾，實在是可悲可嘆。

如果把你所接觸的人的每一個優點都視作你嫉妒的對象，對這些人都充滿了敵意，那麼你還有什麼快樂可言呢？你將會時時陷入在痛苦之中，也會讓你一生都陷入在痛苦之中，那你就將會是一個不幸的人。

嫉妒是每個人心中的一個蠱毒，慢慢地在心理面培養，吞掉心中的智慧，吞掉心中的慈悲，在骨頭中生長。如果我們一再地用嫉妒來豢養自己的心，那麼，我們終將被自己的不知足所吞噬。

嫉妒是火，是弱者的激情；仁慈是水，是強者的理智，是嫉妒的韁繩，讓嫉妒不會如野火蔓延，不至於傷害他人。做人應以強者的姿態，以理智、以道德、以大局為重，以競爭心、進取心改造和取代嫉妒心，用奮鬥的光明驅散嫉妒的陰影。

嫉妒心理是一種破壞性因素，它對我們的生活、人生、工作、事業都會產生消極的影響。正如德謨克利特（Democritus）所說：「嫉妒的人常自尋煩惱，這是他自己的敵人。」因此，每個人如果想要有所成就或幸福生活，都必須摒棄嫉妒這一不良心態，培養快樂豁達的性格。嫉妒心理的克服要掌握一定的方法。當嫉妒心理萌發時，或是有一定表現時，要能夠積極主動地調整自己的意識和行動，從而控制自己的動機和感情。這就需要冷靜地分析自己的想法和行為，同時客觀地評價一下自己，從而找出一定的差距和問題。

一個有道德的人，一個思想純正的人，一個能積極進取的人，當他發現有人比自己做得好，比自己有能力時，從不去考慮別人是否超過了自己，或對別人心生不滿，而是從別人的成績中找出自己的差距所在，從而振作精神，向人家學習。這樣，便有可能在一種積極進取的心理狀態下，迸發出創造的能量，趕上或超過曾經比自己強的人，即古人說的見賢思齊，只有這樣才是一個人立於不敗之地的正確心態和良好性格。當認清了自己後，再評價別人，自然也就能夠有所覺悟了。

培養快樂開朗的性格，也可以治療嫉妒。我們要善於從生活中尋找快樂，就正像嫉妒者隨時隨處為自己尋找痛苦一樣。如果一個人總是想：比起別人可能得到的快樂，我的那一點快樂算得了什麼呢？那麼他就會永遠陷於痛苦之中，陷於嫉妒之中。

快樂是一種情緒心理，嫉妒也是一種情緒心理。如果被嫉妒心理困擾，難以解脫，一定要控制自己，不做傷害對方的事情；然後不妨用轉移的方法，將自己投入到一件既感興趣又繁忙的事情中去。另外，在我們的工作及社交活動中，嫉妒心理往往發生在雙方及多方，因此我們還應注意自己的性格修養，尊重與樂於幫助他人，尤其是自己的對手。這樣不但可以克服自己的嫉妒心理，而且可使自己免受或少受嫉妒的傷害。同時還可以取得事業上的成功，感受到生活的愉悅，實在是一種一舉兩得的良好方法。

電子書購買　　爽讀 APP

**國家圖書館出版品預行編目資料**

面對內在的惡，人性的雙面鏡：觀察人性中的變與不變，引領自我進步的思考之路 / 王佳軒編著 . -- 第一版 . -- 臺北市：崧燁文化事業有限公司, 2024.04
面；　公分
POD 版
ISBN 978-626-394-145-8( 平裝 )
1.CST: 修身 2.CST: 人性論
192.1　　113003502

# 面對內在的惡，人性的雙面鏡：觀察人性中的變與不變，引領自我進步的思考之路

臉書

**編　　著**：王佳軒
**發 行 人**：黃振庭
**出 版 者**：崧燁文化事業有限公司
**發 行 者**：崧燁文化事業有限公司
**E-mail**：sonbookservice@gmail.com
**粉 絲 頁**：https://www.facebook.com/sonbookss/
**網　　址**：https://sonbook.net/
**地　　址**：台北市中正區重慶南路一段六十一號八樓 815 室
Rm. 815, 8F., No.61, Sec. 1, Chongqing S. Rd., Zhongzheng Dist., Taipei City 100, Taiwan
**電　　話**：(02) 2370-3310　　**傳　　真**：(02) 2388-1990
**印　　刷**：京峯數位服務有限公司
**律師顧問**：廣華律師事務所 張珮琦律師



**定　　價**：299 元
**發行日期**：2024 年 04 月第一版
◎本書以 POD 印製
Design Assets from Freepik.com